阅读成就梦想……

Read to Achieve

THE
C⬤N MEN

A HISTORY OF FINANCIAL FRAUD AND THE LESSONS YOU CAN LEARN

金融的狼性

惊世骗局大揭底

[英] 里奥·高夫（Leo Gough）◎ 著　王佳艺 ◎ 译

中国人民大学出版社
·北京·

图书在版编目（CIP）数据

金融的狼性：惊世骗局大揭底/（英）高夫（Gough，L.）著；王佳艺译．—北京：中国人民大学出版社，2014.5

ISBN 978-7-300-19318-2

Ⅰ.①金… Ⅱ.①高… ②王… Ⅲ.①金融-诈骗-案例-世界 Ⅳ.①D914.05

中国版本图书馆 CIP 数据核字（2014）第 103922 号

金融的狼性：惊世骗局大揭底

［英］里奥·高夫（Leo Gough） 著

王佳艺 译

Jinrong de Langxing：Jingshi Pianju Dajiedi

出版发行	中国人民大学出版社	
社　　址	北京中关村大街 31 号	**邮政编码**　100080
电　　话	010 - 62511242（总编室）	010 - 62511770（质管部）
	010 - 82501766（邮购部）	010 - 62514148（门市部）
	010 - 62515195（发行公司）	010 - 62515275（盗版举报）
网　　址	http://www.crup.com.cn	
	http://www.ttrnet.com（人大教研网）	
经　　销	新华书店	
印　　刷	北京中印联印务有限公司	
规　　格	170 mm×230 mm　16 开本	**版　　次**　2014 年 6 月第 1 版
印　　张	12.5　插页 1	**印　　次**　2015 年 1 月第 2 次印刷
字　　数	143 000	**定　　价**　45.00 元

THE CON MEN | 引言
诈骗像霉菌一样疯狂增长

在机打账单还没有诞生的年代，如果和几个朋友到酒吧里小酌几杯，可以尝试一下这个实验：点几轮相同种类和数量的饮料，看看每轮账单的金额是否一致。你很快就会发现账单有问题。为什么会这样呢？问题到底出在哪里呢？或许酒保的算术不太好，那么学校教育的滞后是罪魁祸首；或许酒吧的人手不够，而且喝高了的客人变得越来越难伺候了，所以酒保可能因为忙得团团转而算错了账单金额。如果真是这样的话，那么问题就出在酒吧经理身上，因为他没有尽责。不过，我要提出另一种大家不太会想到的可能性：也许是个别酒吧职员故意多收酒水钱，并将多余的钱塞进了自己的腰包。持传统观念的人士会将这种行为称为盗窃。

金融服务业也存在着这种情况。近年来，特别是 2008 年金融危机爆发以后，金融业就因为各种问题而广受诟病。从 20 世纪 80 年代起，金融业就开始在全球范围内飞速发展。为了让更多的人成为自己的客户，大量没有受过良好专业训练的从业人员开始误导人们购买各种投资产品。政府放松了监管。原本昏昏欲睡的金融机构开始绞尽脑汁，费尽心机在新环境中求得生存。行业竞争日益激烈。在此过程中，原本就贪得无厌的客户变得更加贪婪。从某种程度上来说，公众饱受2008年金融危机之苦是咎由自取，因为谁都不想错过宽松信贷带来的好处，广大选民也没有将那些本该阻止危机发生的政客赶下台去。

虽然金融业的确有很多不足，本书的案例也多有提及，但我们在此想要探讨的主要是彻头彻尾的金融欺诈，也就是个人所实施的大规模诈骗。上文提到的例子根本就无法与这些诈骗相提并论，酒保的确坑害了雇主和客户的利益，但他毕竟贪不了太多钱。金融欺诈的涉案金额有时大得惊人，而且作案的不只是身处食物链底端的小喽罗，真正的大贪往往是金融业的高管。

比如，纳斯达克前主席伯纳德·麦道夫于2009年被判犯有诈骗罪。他因为"成功"经营着自己的证券经纪公司和乐善好施而闻名遐迩，但麦道夫其实是一个卷走客户近650亿美元的大骗子。同年，来自得州的罗伯特·艾伦·斯坦福爵士被剥夺爵位，美国监管机构对他提起诉讼，控告他利用自己开设的斯坦福国际银行（Stanford International Bank）诈骗了80亿美元。

2006年，美国能源巨头安然公司的CEO肯尼思·莱被判犯有19项诈骗罪，其中包括伪造账目和内幕交易罪。评级公司一直给予该公司债券AAA评级，直至安然破产前4天才下调其评级，这让债券持有人无比愤怒。

2003年，意大利食品集团帕马拉特（Parmalat）因为欠债200亿美元，资不抵债而宣告破产。酷爱艺术收藏的公司老总卡利斯托·坦齐（Calisto Tanzi）因为私吞公款和伪造账目而被判入狱。

2002年，美国通信巨擘世界通信公司（WorldCom，简称世通）宣告破产，投资者为此损失近1 000亿美元。世通前任CEO伯尼·埃伯斯（Bernie Ebbers）因为证券欺诈和伪造账目等罪名被判入狱服刑25年。

　　简而言之，大规模的欺诈案经常发生。大众媒体总觉得这些案件让人震惊，但此类丑闻并不像看起来那样鲜有发生。大规模诈骗案件的受害者很少有人能挽回全部损失，实际上，他们常常血本无归。本书主要为具有防范意识的金融市场参与者而写，当然，和股市毫无瓜葛的普通读者也可能会对本书感兴趣，因为我们将会看到，一些严重的金融欺诈和违法行为最终会对一国乃至全球的经济系统产生深远的影响。比如，在我撰写本书的时候，英国人很难申请到房贷。但就在几年前，房贷遍地都是。与2007年美国次贷危机相关的金融欺诈是导致这一恶果的根本原因。大西洋彼岸刮起的金融风暴却让英国老百姓遭了殃。不过希腊人的日子更难过，该国经济已经陷入了绝境，这部分要归咎于该国政府多年来对于其巨额债务的掩盖。

　　遗憾的是，政府可不会因为欺诈而去坐牢。在西方民主国家，政客最糟的结局不过是被赶下台。2010年奥斯卡最佳纪录片奖得主《监守自盗》（*Inside Job*）告诉我们，金融业内的不诚实行为可以是系统性的。这些行为就像霉菌一样疯狂生长，蔓延至各个政府部门、监管机构、公司董事会、银行、企业，就连学界也不能幸免。有趣的是，该片首次揭露了某些资深经济学家是如何为信贷泛滥炮制理论解释的。这些学者穿梭于大学校园、公司董事会和政府部门之间，受到了企业和银行的极大影响，而后者恰恰是信贷泛滥的最大受益者。这些学者对经济状况有更深的了解，他们本该呼吁政府加强监控，悬崖勒马，但却提出理论，支持金融机构不分对象地肆意放贷。这种做法将酿成怎样的灾难，他们心里比谁都清楚。

　　你也许会以为《监守自盗》的制片方是一群持极端政见的刺儿头，但该片导演查尔斯·弗格森（Charles Ferguson）毕业于麻省理工学院，是一名政治学博士。他所创办的软件公司以 1.3 亿美元的价格出售给了微软。他是这样描述自己的："我并不反对资本主义，也不反对商业。我只反对影响深远的犯罪。如果反对严重欺诈让我看起来像个左翼人士，那么随便人们怎么想吧。"弗格森绝不是投掷炸弹的无政府主义者。

对于上述重大社会政治问题，我们无法给出有效的解决方法。但我们可以让大家知道，那些最终成为阶下囚的顶尖诈骗犯是如何利用各种机会实施大规模诈骗的，读者可以从中能够学到一些识破诈骗、避免重大损失的方法。本书第一部分介绍了过去几十年间发生的一些重大诈骗案，大家可以了解一下特定经济和政治环境能滋生出什么种类的诈骗。第二部分则详细介绍了特定诈骗的运作机制。第三部分旨在分析投资者和金融业本身容易吸引骗子的原因。最后一部分则侧重介绍了普通投资者防范金融诈骗的方法。

目　录

THE CON MEN

A HISTORY OF
FINANCIAL FRAUD
AND THE LESSONS
YOU CAN LEARN

第一部分
永不消逝的金融骗局

第 1 章
恐怖故事

欺诈案例：

1. **伯纳德·麦道夫**

   2009 年因为实施大型庞氏诈骗而被判入狱 150 年。

2. **艾伦·斯坦福**

   2012 年因为实施庞氏诈骗被判入狱 110 年。

金融业的各个层级和各类上市公司都有不端行为，而且这些行为往往不是偶发和孤立的，它们常常会利用特定时期的特有机会。投资者最好对此有清醒的认识，并对自己所做的决定负责。

貌似正经的伯纳德·麦道夫

在如今的监管环境下，违反监管规定几乎是不可能发生的事。

伯纳德·麦道夫

20 09 年，伯纳德·麦道夫因为实施大型庞氏诈骗而被判入狱 150 年。我们将在第 3 章详细分析麦道夫的欺诈手法。简而言之，此类诈骗无异于拆东墙补西墙，欺诈者用新客户缴纳的投资本金，而不是真实的投资所得为老客户还本付息。

麦道夫事件的概貌是这样的：2008 年，在美国经济危机发展到最高潮的时候，纳斯达克（美国主要证券市场之一）前主席麦道夫的两个儿子向当局告发麦道夫涉嫌巨额金融欺诈。很多受害人非常有钱。告发者称，麦道夫伪造账目，虚报投资回报，并用客户的资金偿付其他客户的本息。许多投资者不知道自己的钱进了麦道夫的腰包，因为他们并没有直接把钱委托给麦道夫，但其投资的基金却在未告知投资者的情况下对麦道夫旗下的基金进行了投资。由于这些基金把钱喂给了其他基金，所以它们也被称为喂款基金或联接型基金。

本案涉及面之广，监管机构之无能，以及麦道夫案其他涉案方之无耻让我们深刻认识到了普通投资者所面临的许多风险。我们将会详细地分析该案的方方面面。

麦道夫于 1960 年投身华尔街，开始了自己的职业生涯。在罪行败露前，麦道夫看起来是个很能干的正经金融家，他运营证券经纪业务，提供投资咨询服务，并拥有自营交易公司（用公司自己的账户进行交易）。鲜为人知的是，他通过自己的投资咨询公司实施庞氏骗局至少有 20 年之久。2008 年 12 月，69 岁的麦道夫和儿子马克、安德鲁会面，他承认自己多年来一直在伪造客户的投资回报，说自己毁了整个家，觉得自己很快就会进监狱。麦道夫要求儿子们等一两天再向当局告发，以便他将资金转移给亲戚和合作伙伴。正义来得很快，2009 年 3 月，麦道夫在法官面前对检方提出的各项指控供认不讳，并接受了法庭的判决。

麦道夫案涉及面极广，这意味着该案不会很快淡出人们的视野。在随后的几年中，越来越多的信息渐渐浮出水面。起初，人们把焦点集中在监管机构，特别是美国证监会的不作为上。其实，自 1992 年起，监管机构就数次收到有关麦道夫的可靠举报。哈里·马科波洛斯（Harry Markopolos）是最积极的举报人，默默无闻的他揭露了一个惊天事实：虽然他多年来屡次举报麦道夫存在严重的问题，但证监会却一直无动于衷（后面我们将会提到相关细节）。虽然麦道夫已经承认自己从 20 世纪 90 年代初便开始经营庞氏骗局，但很多人怀疑，麦道夫的这一骗局可能从 20 世纪 60 年代，也就是他刚刚跨入华尔街时就已经开始了。

死不认罪的艾伦·斯坦福

如果这是庞氏骗局的话，那就让我去死，让我下地狱。我没有实施庞氏诈骗。

艾伦·斯坦福

20 02 年，明星投资产品销售员查尔斯·黑兹利特（Charles Hazlett）离开培基证券（Prudential Securities），加入了斯坦福集团公司（Stanford Group

5

Company）迈阿密分公司。该机构隶属于斯坦福金融集团，斯坦福金融集团则由得州亿万富翁艾伦·斯坦福私人控股。黑兹利特和老总斯坦福一样，也是个大高个儿，他嗓音洪亮，很容易让人信赖。

这份工作的待遇太优厚了，好得让人无法拒绝：年薪 18 万美元；一间能够欣赏迈阿密海滩风景的办公室；还有高达 40 万美元的奖金。黑兹利特甩开膀子干了起来，他卖力地向客户推销所有的产品。没过几个月，黑兹利特便成了公司最优秀的销售员之一。公司还奖励他一辆价值 10 万美元的宝马车。在向客户介绍产品的过程中，他碰到了一些问题，公司却无法给出令人满意的答案。

比如，公司为客户所提供存单的利率为何高于行业水平？公司为何如此卖力地推销这一产品？为何承担公司审计工作的是一家不起眼的小事务所？该产品的销售佣金为何远超同类产品的佣金？还有一个重要问题：公司将吸收来的存款投向了何处？

黑兹利特设法和公司年仅 28 岁的年轻的投资总监劳拉·潘德杰斯特-赫特（Laura Pendergest-Holt）碰了个头，但却无法从她口中得到确切的答案。这次会面不欢而散，潘德杰斯特哭着跑出了会议室。黑兹利特说，财务总监詹姆斯·戴维斯（James Davis）没过多久就打电话给他，而且"态度不太好"。不久黑兹利特便离职了。在供职于斯坦福的这段日子里，他总计销售了价值 1 700 万美元的存单。离职后，黑兹利特打电话给客户，让他们尽快从斯坦福取回自己的钱。

斯坦福国际集团公司下属主要银行的 2005 年年报非常漂亮。这份年报的第 2 页写了一条口号："20 年悠久历史，40 亿巨额资产，本行将竭诚为客户提供优质服务。"银行主席艾伦·斯坦福在其发布的声明中惊叹该行创办 20 年来，全球金融业变化之巨大，并将银行的成功归因于快速成长："1985 年，我们只有数百个客户，只在几个国家开展业务。现如今，我们已经拥有了 35 000 多个客户，业务遍布全球 102 个国家。"他认为，除了高增长以外，"对于金融业最优秀人才的吸引力"和"持久的盈利能力"也是斯坦福成功的关键。

这份报告乍一看不比其他银行的年报更炫，似乎也没有什么值得怀疑的地方。在银行服务越来越僵化的今天，其对于人性化和个性化服务以及诚信的重视还颇具吸引力。但这家银行为何注册在一个加勒比岛国呢？副总裁尤金·基珀（Eugene Kipper）在年报第 12 页给出了如下解释："本行所在辖区监管严格，税率较低。"也许选择公司注册地只是个人偏好问题，但对美国或欧洲的普通投资者来说，没有任何离岸避税天堂能够像本国政府那样较好地保护投资者。事实证明，安提瓜岛的监管者根本就不够格（详见第 5 章）。

美国证监会自 20 世纪 80 年代起就一直在调查斯坦福。2009 年 2 月，该机构终于向得州法庭提起诉讼，指控他实施"规模巨大的庞氏诈骗"。证监会获得法令，冻结了斯坦福金融集团的资产。2009 年 4 月，美国广播公司记者在休斯顿一家餐馆外截住了斯坦福。面对镜头，斯坦福流着泪说："如果这是庞氏骗局的话，那就让我去死，让我下地狱。我没有实施庞氏诈骗。"

在案件审理过程中，斯坦福始终坚称自己无罪，说自己不是窃贼，没想过要欺骗任何人，但他最终于 2012 年 6 月 14 日被判入狱 110 年。在本书撰写过程中，斯坦福事件还在持续发酵。（2010 年，斯坦福在拘留期间被狱友暴打了一顿，因为他霸着电话不放。）虽然斯坦福已被判了 110 年徒刑，但其牵涉的其他多起案件并未了结，他的主要合作伙伴也将连同受审。

你怎么知道是投资大师，还是骗子

虽然麦道夫和斯坦福两个人非常不同，但他们都以独特的方式获得了人们的喜受，让人们觉得他们的生意可行，至少表面上看起来是如此。他们让客户觉得很有信心，当然，对骗子来说，这一点是不可或缺的。问题是，用公众的资金进行投资的专业人士必须让人觉得可信。像巴菲特这样的投资大师是诚实可信的，至少笔者现在这么认为，我们又如何将他们和看似可信的骗子，如麦道夫之流区分开呢？这的确很难做到，对于看不懂公司财报的人来说就更难了。

麦道夫是个伪善分子。在 2007 年的一次公开专题讨论会上他如是说：

> 总体来说，在如今的监管环境下，违规几乎是不可能的。公众对此真的不太了解。如果在报纸上读到有关某人违规的报道，你心里也许会想这没有什么了不起的，他们一直都是这么干的。但违规行为不被发觉是不可能的，纸里包不住火，事情早晚要露馅的。

麦道夫知识渊博，看起来非常慈祥，谦虚，让人安心，这些特质都是许多投资者看重的。如果当时你也在上述讨论会的现场，你会猜到麦道夫是一个长期经营庞氏骗局的大骗子吗？

艾伦·斯坦福也以自己的方式让人觉得他很可靠。他声称自己生活节俭，但实际上，他的办公室装修得异常豪华，在安提瓜岛上挥金如土，如他在当地机场自建了豪华候机楼，斯坦福银行的客户可以不用通关就直接登机。此外，他的个人生活也极为奢靡。2000 年—2002 年间，他在比佛利山庄商店的购衣开销就高达 40 多万美元，斯坦福在好多国家建了豪宅，还买了许多私人飞机和游艇，甚至买了一艘英国海军的三帆快速战舰。他很懂得如何享受生活，懂得如何让身边的人感觉良好。随着业务的不断发展，斯坦福的公关活动也日益增加，他经常接受《福布斯》杂志和电视台的采访，并在休斯顿大学的毕业典礼上发表演讲。

对英国人来说，艾伦·斯坦福是因为板球运动而进入公众视野的。和棒球以及橄榄球不同，板球没那么多商业利益可供挖掘。在此项运动广受欢迎的安提瓜，斯坦福修建了一座很棒的板球场，该球场还设有一家体育茶餐厅，名叫"泥泞的三柱门区"（The Sticky Wicket）。2008 年，斯坦福邀请英格兰队和他的西印度群岛队举行一场比赛，获胜者可获得 2 000 万美元。这场比赛采用 Twenty 20 赛制，每方只有一局，整场比赛不过是三四个小时。斯坦福的球队最终获胜。随后，他与英国板球委员会（English Cricket Board，ECB）签约，在 5 年内，斯坦福赞助了英国板球联赛 1 140 万英镑。在安提瓜板球比赛的赛事转播过程中，镜头拍到斯坦福被一群英国板球宝贝簇拥着，一个美女甚至坐在他的大腿上，这一幕让公众惊诧不已。

总之，安提瓜人似乎很欢迎艾伦·斯坦福用金钱来主导他们的小岛，这很可能是因为他在社区建设上花了许多银子，同时也因为他的银行成了当地最大的私人企业，并雇用了许多本地人。2006 年，艾伦·斯坦福加入了安提瓜国籍，当然，他并没有放弃美国国籍。安提瓜和巴布达实施君主立宪制，其国家元首依然是伊丽莎白女王，政府有权提名授勋人选，于是斯坦福被授予了骑士爵位。安提瓜人对斯坦福巨额财富的来源及其商业模式不闻不问，他们或许认为美国最终会将其绳之以法，但现在这个小岛从他那里得到的好处远远大于他所造成的伤害。

丑闻的真正主角

监管的放松让金融业有能力将整个世界拖入严重的金融危机中。虽然麦道夫案和斯坦福案发生在这样一个时代里，但他们的所作所为并不代表当下盛行的金融欺诈。2000 年以来，结构化风潮在投行系统内肆意蔓延，而麦道夫和斯坦福的欺诈行为与此并无太多共同之处。当然，主要金融监管机构，特别是美国证监会的无能的确给了他们实施诈骗的巨大空间。虽然他们的恶行的确是在金融危机爆发时败露的，但这并不是因为监管机构展开了针对危机的特殊调查，而是因为市场崩盘使得他们越来越难以维系巨大的骗局。

在以往危机中落马的主要诈骗犯，其罪行基本上代表了当时流行的诈骗手法。比如，在 20 世纪 90 年代，互联网的飞速发展吹起了巨大的金融泡沫，精明的风投们忙不迭地将一批批网络公司包装上市。虽然许多公司根本不赚钱，但投资者却蜂拥而至，毫不吝啬地购买相关股票。投资者的疯狂使得此类股票的价格被大幅高估。诚然，一些知名网络公司，如亚马逊的确生存了下来，但大量此类公司在 2000 年前就倒闭了。

安然和世通的丑闻被视为网络公司泡沫破灭的象征。为了让股价维持在高位，这两家公司大肆伪造账目。虽然它们都不是靠网络起家的（安然原本是得州的一家油气公司，而世通则通过 20 世纪 90 年代的一系列兼并收购成为美国第二大电信公司），但它们的确与网络公司泡沫相关，因为安然和世通都是巨无霸企业，年收入大得惊人，它们向世人展示了，开展互联网相关业务能够让企业立刻赚钱，无需等到遥远的未来。

投资热潮的兴起最初往往是有合理原因的，比如，受欢迎的新科技诞生了，（也许还伴随着监管风格的变化），早期进入的投资者希望能够挑出那些能够利用新业务模式赚取巨大利润的优质公司。19世纪40年代，英国开始兴建铁路系统，这一新兴事物显然能改变普通人的日常生活，交通运输时间和成本被大幅缩减，卫星城和全新的工业布局也成了可能。这些益处并非幻觉，但在这一时期的铁路狂热中，人们竞相投资于新建的铁路公司。在这种过分乐观的投资氛围中，铁路公司的股价越走越高，而铁路建设项目的质量却越来越差。一些项目从一开始便是彻头彻尾的骗局，另一些则因为实施过程遇阻而走上了诈骗之路，还有一些铁路的确建成了，但却不像原来设想的那样赚钱。

20世纪90年代的这次风潮因为网络而起。这一时期的投资逻辑是，互联网的扩展将能让企业更高效地运作，让民众更高效地生活。这个道理并没有错，一些企业的确抓住了机遇，获得了飞速发展。但问题是，无论质量好坏，只要是和网络沾边的企业都能以近乎荒唐的高价易手。风投、股评师、网络公司总裁和其他相关方不遗余力地用艰涩的术语和夸大的言辞来炒作"新经济"概念，在这种环境下，投资者越来越难以对网络公司的质量进行判断了。

世通的前身是创建于1983年的长途话费优惠服务公司（Long Distance Discount Services，LDDS）。该公司由一群私有投资者设立，其中包括世通未来的CEO伯尼·埃伯斯。当时的电信行业正在经历去监管化进程，大量电信资产有待出售。LDDS抓住了这个发展机遇，他们以批发价，从美国电话电报公司等通信巨头那里购买长途电信通话量，然后再向终端消费者零售长途电话服务。20世纪90年代，伯尼·埃伯斯通过大举并购其他长途电信服务提供商来促进LDDS的成长，并于1995年将公司更名为世界通信公司（Worldcom），简称世通。

人们夸赞埃伯斯很有远见，说他是一个具有革命性开创思维的人。埃伯斯致力于创建全新的电信巨头，努力为客户提供一揽子声讯和数据网络服务。1997年，英国电信（British Telecom）试图以 190 亿美元的价格收购 MCI 通讯公司。埃伯斯出价 300 亿美元，并最终拿下了 MCI。这笔收购让世通跻身于美国主要电信运营商之列。随着股价的不断攀升，世通花钱的手笔也越来越大。埃伯斯似乎找到了正确的运营模式。投资者正热切盼望着通信革命。为了迎接新时代的到来，并做好充分准备，世通大举收购主要网络服务提供商，如 UUNET，他们还收购光纤网络和其他相关资产。

1994 年—1999 年第 3 季度（收购 MCI 前夕），世通销售额的增长几乎就没有停止过，其股价也从每股 8.17 美元涨到了 1994 年的 47.91 美元（经过复权）。世通的业绩紧盯华尔街预期，这样其股价就能维持在高位，世通才能方便地为以后的收购进行融资。在公司准备收购斯普林特（Sprint）的时候，反托拉斯法（反垄断）成了羁绊，这笔交易最终于 2000 年告吹。这次失败宣告依靠兼并收购维持高增长这条老路已经走到了尽头，世通必须寻找其他增长方式。随着行业竞争的不断加剧，供给的不断增加，电信业的利润率已经越来越薄。

2000 年 11 月 1 日，世通的股价跌到了 18.94 美元。2001 年，整个电信业的收入和股价都不断下滑，因为供过于求的现实已经显而易见，而且这种疲软状态还将维持许多年。虽然行业不景气，但世通财报显示的销售增长依旧达到了华尔街的预期。2002 年初，世通发布了 2001 年度第 4 季度财报，其结果首次低于分析师的预期。埃伯斯用乐观的预期抚慰市场，但最终于 4 月份辞职。2002 年 6 月，世通宣布其财报严重违规，而后其股票随即停牌。

　　世通到底对财报做了什么手脚？检方资料显示，当电信业于 1999 年开始走下坡路时，埃伯斯和其他一些高管倍感压力，他们需要保持公司的良好形象。世通业务的主要支出是线路成本，也就是点对点长途通话所需的费用。从 1999 年起，世通管理层便开始有意瞒报线路成本，并将其保持在总收入 42％ 的水平，以符合华尔街分析师所做的预期。但实际线路成本已经上升到了世通总收入的 50％ 以上，管理层便利用非法会计操作来降低这一成本。

　　1999 年—2002 年间，世通非法掩藏的线路成本超过了 70 亿美元，其中 30 多亿美元是用以前计提的各种准备（如预提费用）进行冲销的。2000 年末，这些准备已经被冲销完了，于是管理层又将线路成本记为资本支出，这种做法完全有违线路成本的费用属性，完全超越了正常的会计实践范畴。世通就是靠这些非法手段粉饰太平，维持光鲜亮丽外表的。

　　伯尼·埃伯斯和世通 CFO 斯科特·沙利文（Scott Sullivan）对华尔街分析师说，公司能够维持高增长，并暗示他们世通能比竞争对手更好地应对行业面临的共同问题。安达信（Arthur Andersen）这家著名的会计师事务所负责世通的外部审计工作，但却没有发现任何问题。倒是世通内部的 3 名中层会计人员觉得不对劲，他们于 2002 年 4 月至 6 月间进行了秘密调查，并发现了总额高达 38 亿美元的会计违规操作。

　　从普通个人投资者的角度来看，丑闻真正的主角是那些本该保持独立的专家们。我们仰赖他们的意见进行投资，而他们却辜负了投资者的嘱托，根本没有尽到自己的责任。我们依赖独立的会计师对上市公司财报进行审计，而在世通这一案件中，安达信却没有查出任何问题。我们还依赖金融分析师应用所掌握的专业技巧对上市公司的质量进行客观评估。20 世纪 90 年代末期，投行美邦银行

（Smith Barney）的资深电信行业分析师葛瑞杰（Jack Grubman）还在不断地为世通背书，即便世通的盈利状况在不断地恶化。后来，证监会以发表一系列有关若干电信企业的误导性报告为由，对葛瑞杰实施了终身市场禁入处罚。

我们还能相信谁

当然，也并不是谁都不可信，这是个程度问题。比如，一些政府更值得信赖。你可以相信英国政府不会打你银行存款的主意，而意大利政府在几年前的一次危机中就觊觎过储户的存款。英国的大型银行也是比较让人放心的，他们不太会违反涉及客户利益的监管规定。而 2008 年倒台的冰岛国民银行（Landsbanki）和 1991 年倒闭的国际商业信贷银行（BCCI）就是不良银行的代表，他们让许多英国储户血本无归。

虽然你请来的会计师一般不会谎报你的财务状况，但像安达信这样的大事务所有时却会对审计对象，特别是一些大型上市公司的诈骗行为不知不觉。金融业的各个层级和各类上市公司都有不端行为。这些行为往往不是偶发和孤立的，它们常常会利用特定时期的特有机会。虽然骗局通常是在市场崩盘时败露的，但实际上它们无时不在。投资者最好对此有清醒的认识，并对自己所做的决定负责。

大规模销售的投资产品相对比较安全，但其回报可能较低，费率却较高。并不是每一种投资都能根据风险水平提供合理的回报（实际上，骗子常常利用公众对这一点的误解去行骗）。如果你认为把钱交给看起来慈祥可信的资深专家是安全的，那么就可能会落进麦道夫的圈套。投资者需要培养自己的技能和判断力来提高侦测各种欺诈的能力。作为金融产品的购买者，我们有一个很大的优势，那就是说"不"，并轻松地走开。每当你觉得自己必须抓住稍纵即逝的投资机会时，结局很可能会比较糟糕。正是这种害怕错过好机会的恐惧心理催生出了投资泡沫，并让热门行业上市公司的股价飙升。

第 2 章
迫切需要提振信心的人们

欺诈案例：

1. **丹尼斯·莱文、伊凡·博斯基**

   因从事内幕交易而锒铛入狱。

2. **罗伯特·韦斯科**

   经常进行敌意收购，因被控诈骗巨额资金而逃亡，
   后在古巴因非法销售药物被判入狱。

如果大部分投资者一直被骗，金融市场是不会飞速发展的。总体来说，虽然金融产品和服务的收费的确偏高，但金融服务业还是比较诚实可信的。

大多数交易诚实可信

> 人们觉得只有聪明人才能成为投行家，但这不是火箭科学（复杂的事）。
>
> 丹尼斯·莱文（Dennis levin），1987 年因内幕交易而入狱

如果投资者认为整个金融服务业的人士都是骗子，觉得任何踏入金融市场的人都会被骗，那么会发生什么情况呢？如果其他因素保持不变，投资者将停止向金融市场注资。金钱会流出股市、债券市场、衍生品市场和银行，并注入其他类型的资产，如房地产，但全球主要金融市场并没有变成这样。与此相反，这些金融市场倒是在过去 40 年间大幅增长，全球有数百万新的投资者直接或间接进入了市场。如果大部分投资者一直被骗，金融市场是不会飞速成长的。总体来说，虽然金融产品和服务的收费的确偏高，但金融服务业还是比较诚实可信的。

这一章，我们将回到几十年前，看看当时的重大金融欺诈案典型，它们分别是 20 世纪 80 年代的丹尼斯·莱文、伊凡·博斯基（Ivan Boesky）内幕交易案和 70 年代的罗伯特·韦斯科（Robert Vesco）加勒比骗局。虽然时过境迁，此类欺诈案现在或许已经不太容易发生，但我们依然能从中认识到监管机构能力的局限，特别是当行骗者有意将诈骗实体搬到海外的时候。

投资者对某些投资产品的问题特别敏感，所以政府和金融机构比较在意对这些产品进行监管，以保证投资者受到公平的对待，并获得相应的投资回报。所以，如果你把钱存在英国大型银行，那么存款的安全性是比较有保障的，因为政

府的监管力度较大，而且存款损失还能得到相关赔偿计划的保护。更重要的是，继任政府有意愿在危机发生时确保储户能够拿回大部分，即便不是全部存款。冰岛网络储蓄银行于 2008 年倒闭，把钱存在该行的英国储户可能得不到冰岛政府的赔偿。所以英国政府迅速介入，一方面给予这些储户赔偿，另一方面则担起向冰岛政府追偿的责任。这种有力保护是一种公共服务，如果一个国家能够确保储户的存款不会瞬间灰飞烟灭，那么该国的每个国民都能从中获益。

如果投资标的是非标准化的金融产品，那么相关的保护可就没那么全面了。假如你购买了刚发行的高科技股票，那么该行为的风险要比在银行存款的风险大很多，特别是你可能会亏损，甚至血本无归。如果你是投资老手（或许是市场专业人士），那么就要做好被打得鼻青脸肿的心理准备，要能够忍受不可预测性和价格巨大波动可能带来的损失，衍生产品和不透明且流动性较差的股票尤其如此。换言之，保护机制的安全级别有高有低。政府鼓励老百姓对回报一般的安全金融产品进行投资，对于这类投资者，保护力度是最大的，而对于积极投身于国际金融市场的资深参与者，保护力度是最小的。

政府鼓励老百姓对回报一般的安全金融产品进行投资，对于这类投资者，保护力度是最大的，而对于积极投身于国际金融市场的资深参与者，保护力度是最小的。

无论是谦卑的金边债券持有人，还是显赫的金融赌徒，市场在各个层次上都需要信心：在大多数情况下，交易是诚实可信的，本息是能够及时偿付的，信息是准确无误的。对于维持市场信心来说，较高的交易量至关重要，因为流动性有赖于此。交投清淡的市场，也就是交易很少的市场无法给予投资者信心，这主要是因为市场价格很容易受到个别交易的影响，产生大幅波动。所以，这样的市场也很容易被庄家操控。

内幕交易

主要金融市场的正常运行离不开上市公司信息的公开披露。市场必须尽力确保所有参与者能够同时获得重要信息。内幕交易是指利用非公开信息进行交易。如果你是某个上市公司或某家投行的员工，你在工作中得知 X 公司明天发布的季报很难看，并提前抛售该公司股票，或通知朋友清仓离场，那么你就进行了内幕交易。这种操作为什么是非法的呢？我们似乎找不到直接的受害对象。你只不过是在别人一无所知的情况下通过交易获利。但内幕交易实际上是一种盗窃，受害者是那些没能利用内幕信息获益的其他相关投资者。你赢来的钱其实是从这些投资者口袋里掏出来的，这种行为的性质和挪用公共资金没什么两样。

对于内幕交易是否合法这一问题，学界存在一定的争议。比如，货币学派经济学家米尔顿·弗里德曼（Milton Friedman）认为，内幕交易总体上能够提高市场效率：如果 X 公司的主管突然疯狂购买自家公司的股票，那么市场很快就会得知这一消息（关于上述交易的信息必须披露），并及时做出反应。因此，弗里德曼认为，内幕交易只是众多确保价格敏感信息能够及时传递至市场的竞争力量之一。这套理论或许有一定道理，但投资者可不希望拥有特殊信息的内部人士把他们口袋里的钱掏走。在许多国家，至少某些种类的内幕交易是非法的。

套利者：伊凡·博斯基和丹尼斯·莱文

20 世纪 70 年代的股市监管很严，但在 80 年代，情况发生了变化，特别是在严厉打击金融犯罪的美国，兼并收购浪潮风起云涌，为通过内幕交易迅速致富提供了机会，内幕交易的数量也随之迅猛增长。

投行德崇证券（Drexel Burnham Lambert）身处这次兼并狂潮的中心，其员工丹尼斯·莱文是历史上最大的内幕交易者之一。莱文和花旗银行的信贷员罗伯特·威尔基斯（Robert Wilkis）于 20 世纪 70 年代相识。他们后来在英国工作的时候又聚到了一起，并发现许多欧洲国家对内幕交易缺乏监管，所以可以利用这个机会发财。这两个人在工作中都能接触到敏感信息，于是他们决定在瑞士银行开设账户，并秘密利用这些信息进行交易。他们同意共享信息，但各自交易，以避免罪行败露。每当准备买卖股票的时候，莱文就会通过公用电话以代号向瑞士银行下令。

莱文和威尔基斯的许多交易其实非常简单，如果有人听到了利好某只股票的内幕消息，比如某公司将会成为收购目标，他们就会买入目标公司的股票，并在消息公布，股价大幅攀升后清仓出局。据莱文说，虽然他认真分析了消息是否可靠，但一些交易还是让他遭受了损失。不过总体而言，莱文还是赚了很多钱。在 7 年的时间里，他每月进行一两次内幕交易，把起初的 39 750 美元本金变成了 1 150 万美元。一段时间后，莱文的瑞士银行要求其转移账户，于是他将账户转到了另一家瑞士银行列岛银行（Bank Leu）在巴哈马群岛开设的分支机构。

20 世纪 80 年代的金融市场发生了重大革新，德崇金融家迈克尔·米尔肯（Michael Milken）创建了"垃圾债券"的高流动性市场。垃圾债券是指因为某种原因，信用评级低于投资级的公司债券。垃圾债券的收益率（相当于利率）较高，因为投资者普遍认为其风险水平较高，而米尔肯最初的革新在于，他证明许多由"坠落天使"（发行投资级债券后财务状况恶化的公司）发行的债券，其价值实际上远高于市价。随着垃圾债券市场的成长，米尔肯和德崇开始将其作为兼并收购的融资渠道，他们安排发行初始评级为垃圾级的债券，并为其寻找买家。

"掠食者舞会"每年都会在比佛利山庄召开，与会的都是兼并收购界有权有势的大佬，其中既有像罗恩·佩雷曼（Ron Perelman）和卡尔·伊坎（Carl Icahn）这样的图谋收购者，又有垃圾债券的机构投资者，还有准备发起收购的公司高管。被称为"套利者"的伊凡·博斯基就是其中一位明星嘉宾，他很善于利用兼并案进行投机交易。莱文是在 1985 年的掠食者舞会上与博斯基结识的。他们很快就开始交流市场信息。

莱文说，起初他们没有明确承认所交流的信息属于内幕信息，但博斯基最终提议将自己利用这些信息所获利润的 5% 分给莱文。莱文说："我和博斯基相比是小巫见大巫，他竟然明目张胆地建议我们进行非法交易，这让我瞠目结舌。"莱文声称不明白自己为何最终同意和博斯基一起合作赚钱。证监会指称，博斯基将交易所得利润的 5% 分给莱文，如果博斯基继续持仓并盈利，那么他会将所得利润的 1% 继续分给莱文。莱文提供的内幕信息涉及许多并购案，如纳贝斯克（Nabisco）兼并雷诺烟草公司（RJ Reynolds），北方内陆天然气（Inter North）收购休斯顿天然气公司（Houston Natural Gas）。

莱文并不知道，为博斯基提供内幕信息的不止他一个。德崇高管马丁·西格尔（Martin Siegel）也在其列，他是 20 世纪 80 年代各大兼并案的主要设计师之一，博斯基给他送去了一箱又一箱的现钞，感谢他提供了极有价值的信息。人们觉得博斯基拥有预测谁是下一个收购对象的神秘力量，他的每一次大手笔交易几乎都获利丰厚。比如，在雀巢收购卡纳森（Carnation）的交易中，他获利 2 800 万美元。证监会可不信邪，于是对他展开了调查，但却找不到任何违规交易的证据。

1985 年 7 月，美林证券将一份匿名举报信转交给了证监会，该信声称美林委内瑞拉的两个证券经纪商从事违规内幕交易。莱文说，巴哈马群岛的列岛银行复制了他的交易，因为他们猜测他正在利用内幕信息进行交易。而列岛银行一直用美林进行自己的交易。于是，美林的经纪商似乎在复制列岛银行的交易，并引起了监管当局的怀疑。证监会进行了为期 10 个月的调查，但列岛银行拒绝透露受怀疑账户的任何信息。证监会不得不动用法律对列岛银行施压。1986 年 5 月，列岛银行最终没能扛住压力，供出了相关账户的主人，他就是丹尼斯·莱文。

在重重压力之下，莱文最终答应做污点证人，与证监会合作调查博斯基的违法行为。不久后落马的博斯基也决定和当局合作，并供出了米尔肯。他甚至戴着窃听器去和米尔肯会面，希望能够帮助当局录下米尔肯实施内幕交易的证据。米尔肯最终只是被判轻微违规，而不是内幕交易。博斯基和莱文虽然因为内幕交易而入狱，但刑期都不长，不过罚款金额十分巨大。

20 世纪 80 年代，这些内幕交易丑闻令民众感到十分震惊。之所以会这样是因为它们与迅速扩张的金融世界所带来的兴奋和革新相关。80 年代的投资者耐不住寂寞，跃跃欲试，兼并潮正好满足了他们希望主动出击的愿望。但不幸的是，人们最终发现这一浪潮的领军人物都是些利用内幕信息发不义之财的窃贼，他们中既有滥用涉密信息的投行，又有利用内幕交易发财的机构交易者，还有滥用他人信任的兼并收购英雄伊凡·博斯基。博斯基曾在兼并界公开布道"贪婪是好事"。证监会用事实证明自己是有效的市场监管者，甚至让人觉得有点做过了头。

不过，20 世纪六七十年代的投资世界颇具狂野西部的味道。在主要经济体中，美国一家独大，西欧刚从战争废墟里爬出来。伯尼·科恩费尔德（Bernie

Cornfeld）是一个很有故事的美国创业者，他建立了一个规模巨大的离岸共同基金销售公司。起初，该公司主要吸收驻欧美军的存款，但后来却吸引了许多欧洲和拉美本地居民的资金，因为这些国家严格管控资本外流，当地居民缺乏诱人的投资机会。

对于 60 年代的商人来说，资本流动限制是赚钱发财的巨大障碍。英国政府一度只允许英籍人士（英联邦公民直到 1983 年才成为英国公民）最多携带 50 英镑出境。不要说购买美国上市公司股票了，这么点钱就连出国旅游都不够。科恩费尔德在 60 年代控制了一些瑞士共同基金，其中包括史上第一批"基金之基金"（专门投资其他基金的基金）。科恩费尔德在瑞士被羁押了 11 个月，因为检方指控其下属基金违法发行，但他最终无罪获释。不过，科恩费尔德所控制的大量现金引来了一个更为饥饿的捕食者，那就是罗伯特·韦斯科。

饥饿的捕食者：罗伯特·韦斯科

美籍意大利人罗伯特·韦斯科是一个底特律汽车工人的儿子。20 世纪 60 年代初，韦斯科借钱收购了一系列汽车配件厂，并将它们打造成名叫国际控制公司（International Controls Corporation，ICC）的企业集团。1971 年，科恩费尔德遇到了麻烦，于是韦斯科对其拥有的投资者海外服务公司（Investors Overseas Services，IOS）发起了敌意收购，并获得了成功。

IOS 的大部分资产属于旗下的 4 大基金，资产规模超过 4 亿美元。这些基金主要投资美国股市。陷入困境的 IOS 需要现金，韦斯科则通过国际控制公司（该公司在美国证券交易所上市）借钱给 IOS。韦斯科得到的好处是有权购买该公司

45％的优先股和28％的普通股，上述交易在1971年完成。此外，韦斯科还被选为IOS董事会主席。

投资者注入IOS的大笔资金被用于投资美国的蓝筹股。所以在韦斯科的眼里，IOS就是一头现金奶牛，据称他迅速着手将所控蓝筹股产出的大笔资金转移到自己掌控的各种离岸机构。1971年10月，IOS的主要银行业务被转移到在巴哈马注册的一家新公司。12月，IOS的地产和保险资产又被转移到另一家韦斯科控制的巴哈马公司。IOS的许多投资者违反本国有关资本控制、税收和投资的严苛法律，其行为本来就有些见不得人，不过他们投入IOS基金的1.5亿美元将无法赎回。

在接下来的一年里，韦斯科又采取了新行动。他动用一些关联公司（其中许多是壳公司），使用一系列复杂手法试图将IOS的基金从ICC剥离出去。韦斯科还试图改变基金类别，一方面使投资者难以赎回资金，另一方面则保留自己对于基金的最终控制权。韦斯科每走一步，他身边的律师和官员就告诫他这些变动是不道德的，有违对于最初投资者（其中有许多并不富裕）的信托责任。韦斯科对此充耳不闻。上述举措和以及韦斯科奢靡的个人生活引起了证监会的注意，韦斯科拥有一架装备桑拿浴室和迪厅的私人飞机。

现如今的证监会非常无能，查起案子来也受到各种官僚风气的羁绊。但20世纪70年代的证监会可以说是雷厉风行，他们指控韦斯科挪用了属于投资者的2亿多美元。尼克松时代的肮脏政治渐渐浮出水面。时任证监会主席布拉德福德·库克（Bradford Cook）被迫辞职下台，因为他听从尼克松密友的指令，将指控中有关韦斯科向尼克松非法捐赠20万美元政治献金的内容删除了。据称，韦斯科想用这笔钱贿赂尼克松政府停止对其进行调查。

故事听起来虽然还是很炫，但却变得越来越俗气，和描绘狡猾金融家如何逃跑的老套电影没什么两样。1973 年，韦斯科觉得自己在美国身处水深火热之中。他告诉飞行员："从现在起，我们将在加勒比海地区和中南美洲运营。我在美国被压得喘不过气来了。我真是受够了。"2 月份，韦斯科便逃到了哥斯达黎加，在那里继续开展与美国的法律斗争。而他的公司 ICC 则被置于法庭监管之下，其股票也被停牌。

无处容身的没落生活

20 世纪 70 年代的拉丁美洲和现在一样，也有一些和美国对着干的国家，但何塞·菲格雷斯（José Figueres）执掌的哥斯达黎加左翼政府不在其列。虽然菲格雷斯愿意在一些方面和美国合作，但这位富有建设性的改革家希望能够改善本国的经济状况。韦斯科似乎利用这一机会和菲格雷斯达成了交易：他对哥斯达黎加进行投资，而该国则为他提供一定的保护。

韦斯科的第一笔投资是向圣克里斯托瓦尔社会农工（Sociedad Agricola Industrial San Cristobal）投入 215 万美元，这是一家由菲格雷斯创立的大型农业企业。其他投资项目也陆续跟进，特别是在高科技领域。韦斯科的生活依旧奢靡，他购入大量的地产和农场，买了一堆豪车，还组建了一支小型卫队。他不遗余力地通过撒钱来赢得哥斯达黎加人民的心。一些离奇的故事不胫而走，有人说韦斯科建造了一个恶棍盘踞的要塞，还给自己 16 米长的游艇配备了增压发动机、最先进的导航系统，就连机关枪都装上了。

1974 年，两个美国商人在国会作证时说，他们曾经和韦斯科会面，讨论在哥斯达黎加建造一家机关枪厂的可能性。其中一个商人说菲格雷斯的儿子曾告诉他，这家枪械厂会为哥斯达黎加陆军提供武器。虽然菲格雷斯曾在 40 年代宣布永久废止哥斯达黎加军队，但上述计划完全是可行的。

虽然韦斯科很快就成了家喻户晓的人物，而且全球许多想出新招行骗的大忽悠都谎称韦斯科资助他们，但我们还是搞不清美国为何没能将其引渡回国。美国政府曾于 1973 年尝试过一次，但哥斯达黎加法官认为，两国签订的引渡条约并不涉及和韦斯科相关的欺诈指控。这种情况对双边引渡条约来说非常普遍。后来，美国政府又向巴哈马政府提出引渡韦斯科的要求，他在那里拥有财产，但也因为同样的理由遭到拒绝。

1973 年 3 月，哥斯达黎加议院通过了一项法案，禁止本国政府仅仅因为外国政府提出要求就引渡身处本国的外国人，该法案被称为《韦斯科法》。民众普遍认为该法就是为了保护韦斯科而设立的，哥斯达黎加首都有 2 000 名学生因此走上街头闹事。不过，话要说回来，上述两国拒绝美国提出的引渡要求完全是合法的。

美国政府似乎并没有卖力引渡韦斯科，是不是这样呢？相关参议院委员会主席亨利·杰克逊（Henry Jackson）认为这个问题的回答当然是肯定的。哥斯达黎加新总统奥杜维尔（Oduber）也认为，这些引渡请求从一开始就没打算过成功。有人怀疑，在水门事件爆发之际，尼克松政府并不热衷于将韦斯科引渡回国，特别是因为韦斯科的非法政治献金可能被用于水门窃听。还有人尖锐地指出，尼克松的侄子唐（Don）在哥斯达黎加担任韦斯科的私人助理。

1974 年，《人物杂志》（*People Magazine*）这样描绘韦斯科在哥斯达黎加的乏味生活：他和妻子以及 4 个孩子窝在被高墙包围的豪宅里，忧惧而难受。虽然在本地出手大方，广结人缘，但韦斯特还不至于认为没人敢动他。他开始奋力公关，首先是在哥斯达黎加接受美国媒体的采访，然后又在哥斯达黎加电视台购买时段，通过节目宣称自己是无辜的。同年 8 月，尼克松下台，杰拉尔德·福特（Gerald Ford）这位继任者赦免了尼克松。公众对此感到愤怒，韦斯科说福特曾允诺赦免他，但公众的愤怒使福特无法兑现诺言。

对 40 岁都没到的韦斯科来说，哥斯达黎加的生活辛苦而昂贵。据说，他每年要花掉 50 万美元。有人说，美国政府派人要暗杀他。韦斯科必须竭尽全力贿赂一切可以贿赂的人，但还是无法讨好当地人，哥斯达黎加民众越来越讨厌他了。美国的债权人扣押了他的私人飞机。新总统奥杜维尔也不像前任菲格雷斯那样同情他。一些 IOS 投资者竟然跑到哥斯达黎加起诉韦斯科，要求他还钱，即便这些努力多是徒劳。如果能在哥斯达黎加待满 5 年，韦斯科就能成为该国公民，这对于坚持逃离美国的他来说多少会有所帮助。

1977 年，奥杜维尔连选前景不妙。有人曝出重大丑闻，说韦斯科的金钱间接帮助他赢得了上一次选举，还说韦斯科在哥斯达黎加油气国企私有化进程中获得了好处。显然，菲格雷斯已经无法保护韦斯科，杜维尔则要求其离境，此举定能赢得民众的心，因为韦斯科已经令人深恶痛绝。在强烈的示威抗议声中，没有获得哥斯达黎加国籍的韦斯科最终于 1978 年 4 月离开了这个国家。

美国政府的不依不饶

在美国，吉米·卡特总统已经走马上任，他对韦斯科还是不依不饶。韦斯科必须另想办法。3 个来自卡特老家佐治亚州的商人联系韦斯科，说能帮他摆平美国政府。如果能和美国政府达成和解，韦斯科相信自己对于《巴拿马运河条约》（*Panama Canal Treaty*）的签定会很有帮助。韦斯科还放眼世界，他很喜欢和互相冲突的各方打交道，并通过从中斡旋捞取好处。1979 年，韦斯科数次造访利比亚的卡扎菲上校，试图达成一项军火交易。他企图将利比亚政府提供的贿款塞进卡特兄弟比利（Billy）的腰包，后者也尝试和卡扎菲做生意。利比亚向洛马公司（Lockheed）订购的 8 架运输机被美国政府扣押了，据说韦斯科试图打通关节，帮助利比亚拿到这笔军火。新闻报道说这笔交易的佣金是 500 万美元。

"比利门"丑闻一时成了美国民众关注的焦点。许多人怀疑，韦斯科试图通过卡特这个不靠谱的兄弟拿下白宫。卡特不是傻瓜，很显然，他不会允许比利干予政治。韦斯科似乎很熟悉腐败的商人和肮脏的政客，但他显然误读了卡特政府的行为。这无疑是其思维的一大局限。

韦斯科于 1981 年来到了安提瓜，在安提瓜未来首相莱斯特·柏德（Lester Bird）的帮助下，他试图购买部分巴布达岛（Barbuda）。据说，韦斯科用另一个名字获得了安提瓜护照，伯德家族试图帮助他在巴布达建立一个独立的国家。发现其行踪的美国政府又开始了引渡程序。韦斯科必须快速转移。除非你拥有强大的军队，否则，建立自己的国家可不是什么好主意。韦斯科这个光杆司令失去了对局面的掌控。他转移到了反美的尼加拉瓜，并参与哥伦比亚、尼加拉瓜和古巴毒贩的走私活动，走私目的地是美国。许多拉美革命家支持将毒品走私作为从内部瓦解美国社会的一种手段。

韦斯科的日子一天不如一天。很快，他除了古巴这个美国的眼中钉以外，就再也没有别的地方可去了。有人说韦斯科贿赂了卡斯特罗，以便让他留在古巴。这种说法站不住脚，因为根本没有这个必要：对古巴来说，这么一个让美国恼怒的人在政治上自然是有用的。在意识形态上，古巴也能接受韦斯科，卡斯特罗在接受访问时曾说："如果他想找个地方活下去，那么可以来这里。我们不在乎他以前在美国都干了些什么。"但古巴不是天堂。大笔钞票从韦斯科的口袋里哗哗地往外流。如果用古巴人的生活标准来衡量，韦斯科的日子过得还算不错，但毫无疑问，他的日子是越过越差了。那些私人飞机、游艇和保镖已经不见踪影，跨入 20 世纪 90 年代的韦斯科只能住在远离海滩的一幢普通的房子里。只要是能够达成的交易他都不放过，否则他可就真的没有活路了。但对生活在共产主义阳光照耀下的古巴人来说，韦斯科的没落也许只是供大家消遣的饭后谈资。

韦斯科的小弟，也就是尼克松的侄子"唐"突然和他取得了联系。他说自己发现了一种名叫 Trioxidal 的神药，因为这种药治好了他妻子的关节炎和癌症。不过没有制药公司愿意支持唐在美国开展临床试验。他想让韦斯科帮他在古巴开展相关试验。这个想法并不疯狂。20 世纪 80 年代，卡斯特罗治下的古巴在生物医药领域投入了很多资源，希望将本国打造成该领域的强国。1991 年，苏联解体，古巴更需要依靠该行业的发展来支撑经济。说实话，古巴在生物医药领域的确取得了一些成功。比如，乙型脑炎疫苗最早就是由古巴科学家康塞普西翁·坎帕·韦尔戈（Concepcion Campa Huergo）研制成功的，她首先在自己和孩子身上验证了该疫苗的有效性和安全性。

一位评论家认为韦斯科和他那个崇拜英雄的小跟班"唐"是对静不下来的愣头青。他们最终在古巴投身于新药开发事业，但却没有获得成功。1995 年，韦斯科因为一系列指控被捕，但最后，只有和 Trioxidal 相关的欺诈指控成立。但有报告说，古巴政府只不过是找了个借口除掉他，因为韦斯科在古巴违反了太多法规，已经让主子感到厌烦了。还有报道说，冷战结束后，很多美国商人试图和古巴做生意，卡斯特罗不再需要韦斯科这个中间人了，他其实从未信任过韦斯科。还有人说，是韦斯科的合作伙伴恩里科·加扎罗利（Enrico Garzaroli）向古巴政府告发了他，加扎罗利发现韦斯科没有获得研制新药的政府许可。不论事实到底怎样，韦斯科于 1996 年被判入狱 13 年。相关影像资料显示，法庭上的韦斯科身形消瘦，面容憔悴，和昔日那个红光满面的韦斯科相比判若两人。韦斯科于 2005 年获释，并在两年后死于肺癌。

投资者对市场要有信心

普通投资者需要对市场有信心。如果我们太过天真，那么就会认为投资界的专业人士都是有良知的，都是尽职尽责的。如果我们过于偏执，那么就会觉得所有金融家都是西装革履的大骗子。这两种观点都过于极端，事实上，金融业整体是可信的，不过也确实更容易吸引无德的贪婪之徒，就像娱乐业更容易吸引爱慕虚荣者一样。正因为金融欺诈不会绝迹，我们才需要监管当局担起保护投资者的重任，负起维持市场秩序的责任。

前面我们介绍了两个发生在不同时代背景下的高层金融欺诈案例，这些案件发生的投资环境和如今的投资环境相差很大。我们不难发现，想要杜绝欺诈，纠正所有类似的问题是多么困难。

在 20 世纪 80 年代的兼并收购浪潮中，暴涨的股市让人们兴奋异常，投资者相信杠杆收购（用收购目标公司的资产为抵押举债进行收购）没有问题，即便不少智者警告说这些公司在被收购后很可能因为承受不了债务的重压而崩溃。最终这些警告变成了现实。但牛市中乐观无比的人们更愿意相信米尔肯和博斯基这些人聪明无比，前者发现了为兼并收购交易融资的新方法，后者则通过收购和转卖公司谋利。当然，驱动这股浪潮的投行，如德崇，也是人们心仪的对象。米尔肯名誉扫地，对他的判决很可能是公正的；博斯基接受巨额罚款，被判入狱，对他的判决也绝对公正，因为博斯基通过内幕交易赚了很多钱；德崇证券对一系列指控并没有提出异议，该公司此后便被监管当局扫地出门。丹尼斯·莱文只不过是玩弄拙劣把戏的一条小鱼，通过追踪其交易而发财的其他金融专业人士都承认这一点。在 20 世纪 80 年代，用外国银行来掩盖交易不算是绝顶聪明的手法。金融去监管进程造就并催生了兼并收购浪潮的大环境，也正是因为这个原因，外国银行更难抵抗美国政府要求其供出银行账户信息的压力。美国是这股浪潮的中心，和失去这块大蛋糕相比，失去一个行为不轨的客户算不了什么。

银行的绝对保密性其实是冷战时代的产物。20 世纪六七十年代，铁幕两边的对立阵营激战正酣，无论是官方还是半官方的银行对保密性都有很高的要求。伯尼·科恩费尔德利用银行保密性和不同国家监管机构之间的裂隙发财。其公司IOS 的规模变得非常庞大，雇用的销售人员达成千上万，该公司既运营自家的基金，也负责托管其他公司的基金。

20 世纪 60 年代后期，股市在经历长牛之后开始下跌，IOS 的好日子也走到了尽头。由于公司销售人员持有大量股份，他们迫切要求公司上市，于是 IOS 在加拿大募股发行。由于对所募集资金处理不当，导致公司现金出现短缺。IOS 以投资回报，而非投资金额作为佣金发放标准。1969 年，IOS 的投资回报远低于预期，至此，上述非传统佣金标准的问题终于显现。IOS 原本或许还能再撑几年，但却被罗伯特·韦斯科相中。正如共同基金律师理查德·梅耶（Richard Meyer）所说："和韦斯科相比，科恩费尔德算是很有良心了。"就毫不内疚地从每个人头上搜刮油水而言，韦斯科无人能及。

韦斯科使用各种手段将 IOS 的资产归为己有，这个案子可以说是史上最大的倾吞公产案之一了。类似案例在今天较难发生，特别是在公司治理透明度较高，政府监管较为得力，对投资者保护较为完善的欧美国家。如果不考虑其年龄和性格，我们很难想象韦斯科为什么会觉得自己能够脱逃法律制裁。1971 年，也就是韦斯科掌控 IOS 的那一年，草根出身的他只有 35 岁，还是个精力充沛的倒爷。他急功近利，凭直觉运营着一个债务缠身、摇摇欲坠的企业集团 ICC。

> 韦斯科本可以拆 IOS 的墙，补 ICC 的墙，但证监会的调查显示，他却把大笔资产划到了自己的账下。

韦斯科本可以拆 IOS 的墙，补 ICC 的墙，但证监会的调查显示，他却把大笔资产划到了自己的账下。不知道他为什么要这么干。由于韦斯科是个喜欢且有能力做大买卖的人，他或许觉得自己同样有能力摆脱证监会的调查。我们也不太了解他曾和尼克松政府的关系到底怎样，只知道他曾向大名鼎鼎的支持总统连选运动（Campaign to Re-elect the President，CREEP）不当捐款，并雇用了尼克松的侄子。《华盛顿邮报》1972 年的一篇报道说，尼克松的一个重要助手约翰·厄利治曼（John Erlichman）曾严正警告"唐"不要在为韦斯科打工之后做出让总统难看的事情。中情局 1973 年的一些备忘录提到了一个"韦斯科研究项目"，而且对 IOS 的情况很感兴趣。

韦斯科和尼克松政府之间的关系也许并不像大家想象的那样邪恶：韦斯科或许真的认为自己的捐款是贿赂，但在尼克松政权看来，他们只是许下了模糊不清的诺言，只是想利用这次机会看看利用这个在美国有案底的重要国际商人都能干成什么大事。韦斯科在政治上并不精明，他被拉美政客玩弄的事实已经说明了这一点。

第 3 章

酷炫的新发明和老套的旧戏法

欺诈案例:

1. Bre-X 公司

实施了史上最大的"拉高出货"骗局之一,以破产告终。

理性投资者不会因为一次失足而满盘皆输, 因为理性投资者不会把所有资金都投入一家股票交易量不大, 信息不透明的小公司。 无论骗子们把故事编得有多美, 他们都会通过购买多种投资产品来分散风险。

庞氏骗局和"拉高出货"骗局

我们原以为能在步桑（Busang）挖到金子，但却没能如愿。股东和其他相关
人士对此感到震惊和失望，我们完全能够感同身受。

　　　　大卫·沃尔什（David Walsh），Bre -X 矿业公司创办者

假如你生活在一个比较富裕的社区，但最近手头比较紧。你拥有一家不太赚
钱的小公司，想购买设备制造一种实用的小器械，并以此来提高公司的盈
利能力。一个好朋友（朋友甲）借了你 1 万英镑，而且告诉你不用急着还钱。你
兴高采烈地跑回家，但却突然意识到：在没钱的时候，1 万英镑可是个大数目，
但当你拿到这笔钱的时候，心中想的却是更多的钱。

　　你碰到了另一个朋友（朋友乙），在交谈中，你随口提到了自己的新业务，
还夸口说一切进展顺利（其实你什么都没干）。你还告诉对方，朋友甲已经投入
了 1 万英镑。朋友乙竖起了耳朵。"这个项目的回报率是多少？"她问道。你的脑
子转得飞快，心里想：现在的存款利率虽然有 4%，但股市却长期疲软。回报率
应该说多少才合适呢？最终，你报出了 10%。朋友乙仔细看了看你说："只有
10%？这么低的回报。"你并没有争辩，而是谦逊地点点头说："没错，你是一个
精明的投资者，完全可以找到更好的投资项目。我只想对这个项目的潜在回报率
做出客观评估。我可不想让任何人失望。"

　　几天后，朋友乙和你取得了联系。她现在觉得 10% 的回报率也不错，而且
很想入股。你装出一副不情愿的样子，但却愉快地收下了对方的 1.5 万英镑。你

该好好想一想了。几天前，你还一无所有，现在却有了 2.5 万英镑。设备采购费和未来半年的公司日常开支全都有着落了，是该开工的时候了。于是你开始和设备制造商洽谈采购事宜。

朋友丙打电话给你，他从朋友乙那里得知你的项目进展很顺利，所以也想入股投资。这一连串事件让你觉得自己兜里总是不缺钱。于是，你收了他的 5 000 英镑本金。现在甲乙丙三人的投资款共计 3 万英镑，你用这些钱买了新车和新衣服，手头还剩下 1.2 万英镑。

一天，你在厨房里向朋友乙通报项目进展情况。你兴奋地憧憬着美好的未来，并夸口说销售额节节攀升。"太棒了，"朋友乙说，"什么时候能分红啊?"为了不让朋友起疑，你给她开了一张 1 500 英镑的支票。这时候，朋友甲正好经过，看到了这一幕。朋友乙告诉他说你已经盈利了，所以，你不得不又给朋友甲开一张 1 000 英镑的支票。

其实，你一分钱都没有赚到，就连生产机器的设备都没有买。起初的 3 万英镑现在只剩下 9 500 英镑了。你最好立刻把设备置办齐全，并开始生产。就在这个节骨眼上，朋友丙打来电话，并遗憾地告诉你说他想拿回自己的 5 000 镑。因为情况紧急，他只要本金，什么利润都不要了。于是，你给朋友丙寄了 5 000 英镑的支票。现在你只有 4 500 英镑了，连制造设备都买不起了。唯一的出路是寻找新的投资者……

在现实生活中，上面提到的这个故事以不同的版本一再重演着，特别是在人际关系比较紧密、互信程度比较高的社区里。非正式交易往往信息不充分，虽然进行此类交易很不靠谱，但在熟人社会里，投资者会觉得项目发起人是他们中的一份子，会认为对方不会欺骗自己。因此，他们依靠这种信任，而不是依靠充分的信息来确保投资本金的安全。利用这种人际互信骗人钱财的行为叫做"熟人欺诈"。同样一笔交易，如果对方是一个陌生人，人们很可能就不会这样轻易出手。正是因为觉得自己和交易对象关系不错，对方也跑不掉，所以人们才敢如此随便地把钱交给对方。

> 非正式交易往往信息不充分，虽然进行此类交易很不靠谱，但在熟人社会里，投资者会觉得项目发起人是他们中的一份子，会认为对方不会欺骗自己。因此，他们依靠这种信任，而不是依靠充分的信息来确保投资本金的安全。利用这种人际互信骗人钱财的行为叫做"熟人欺诈"。

让我们再回到本章开篇那个虚构的小故事。你原本并不想欺诈任何人。一系列错误的决定导致你陷入了困境。摆在面前的选择只有两个：要么吸引更多的投资，这样你就有钱为最早入股的投资者还本付息了；要么等着弹尽粮绝，颜面扫地。前者更吸引人，于是你骗朋友说项目进展顺利，而且你花了很多钱来装点门面，但真正能够拯救你的设备制造项目却毫无进展。一旦走上这条路，你就不得不尽力维持这个谎言，并吸引更多的投资者，即便你心中对上马制造项目还留有那么一丝念想。换言之，你并非从一开始就想行骗，但却不得不将这个精妙的谎言一直维持下去。

当然，投资者本身并没有认真地对待这项投资。他们并没有进行"尽职调查"：没有要求与你签订涵盖各种可能性的投资协议，也没有要求你提供有关投资项目的各种细节，更没有试图独立验证你所说的话。总之，你说的任何信息他们都信以为真。他们很愉快地接受了你支付的本息，因为这更能让他们相信你的业务蒸蒸日上。这种欺诈手法其实早就有了，19世纪时便已闻名遐迩。证监会最近调查的麦道夫案和斯坦福案也与此类诈骗有关。这类欺诈被统称为"庞氏骗局"，以查尔斯·庞氏（Charles Ponzi）的名字命名。

在 1920 年，庞氏谎称可以利用国内外邮政票券的差价谋利，并以这个噱头骗走了大量的钱财。虽然庞氏所说的投资项目并不赚钱，但因为他允诺的回报很高，还是有很多人把钱交给了他。当然，早期投资者所获得的回报并不是投资所得，而是新投资者注入的资金，这是庞氏骗局的关键特征。这种骗局注定要崩溃，因为资金链条早晚会断裂的，也就是说，行骗者新吸纳的资金终将无法承受本息的偿付。例如，当市场崩盘时，许多投资者会突然要求赎回所投入的资金，这时候骗子就要露出马脚了。

虽然庞氏骗局通常是非正式的私下交易，但却能渗透到商业领域的各个层级，有时甚至能在败露前维持许多年。在英国和美国，监管机构每年都要对一些实施庞氏诈骗的罪犯提起诉讼，不过许多案件并没有引起公众的注意。麦道夫案和斯坦福案之所以那么出名是因为它们的规模十分巨大，影响较小的案子可就没有那么惹人注意了。麦道夫的行骗手法非常特别，我们稍后会详细介绍。另一种常见的金融欺诈是"拉高出货"。

Bre-X 的黄金阴谋

"拉高出货"一般指这样一类欺诈：行骗者努力让投资者相信，某家上市公司（通常是属于不透明行业或市场的小公司）的股价将不断上扬，当大量投资者以高价买入相关股票时，行骗者就能将早先以低价入手的股票出手。更严格地讲，这种诈骗是指通过在各种媒体散布不实消息，或通过打电话来强行推销上述类型股票的诈骗手段。Bre-X 矿业公司是一家加拿大矿业公司，它就涉嫌上述欺诈，该案可谓史上最大的"拉高出货"案件之一。

Bre-X 由大卫·沃尔什于 1989 年创建，总部位于加拿大阿尔伯塔省卡加利（Calgary，Alberta）。Bre-X 公司在规模很小的阿尔伯塔证券交易所上市，一直都默默无闻，没什么起色。1993 年，一个名叫约翰·费尔德霍夫（John Felderhof）的地理学家向该公司推荐了环太平洋地区一些有开采价值的矿区。随后，Bre-X 就雇用费尔德霍夫负责印尼婆罗洲（Borneo）步桑（Busang）的矿藏勘探工作。

在此期间，勘探队一个名叫迈克尔·古斯曼（Michael de Guzman）的地理学家报告说，步桑的黄金储量可能达到了 200 万盎司①。随着勘探工作的深入，步桑的黄金预估储量也攀升至 3 000 万盎司。Bre-X 的股价随之飙升，从每股几分钱涨到了 1995 年中期的 14 美元。第二年 4 月，Bre-X 就在规模更大的多伦多证交所上市，股价一路涨到 280 美元。

步桑的预估黄金储量一直上涨至 2 亿盎司，一些不速之客不请自来。当时的印尼处在苏哈托的掌控之下。苏哈托政权极为腐败，该国的大量自然资源基本都握在其家族成员和亲信手中。Bre-X 被迫和一些不受欢迎的合作伙伴共同开发金矿，其中就包括巴里克黄金公司（Barrick Gold）和弗里波特-麦克莫兰铜金公司（Freeport-McMoRan Copper & Gold），前者是一家加拿大大型矿业公司，该公司与苏哈托的女儿杜杜（Tutut）关系密切，后者则是一家美国公司，和苏哈托的亲信鲍勃·哈桑（Bob Hasan）有着密切往来。Bre-X 不得不同意由弗里波特公司负责金矿的运营。

弗里波特公司随即接手勘探工作，并着手进行尽职调查以验证 Bre-X 的勘探结果。起初的报告结果不错，但 1997 年春天，弗里波特发现 Bre-X 所勘探样本的黄

---

① 1 盎司≈28.35 克。——编者注

金含量远远高于自己样本的含量，前者高达 4.4 克/吨，而后者却只有 0.01 克/吨。

弗里波特公司需要一个解释。3 月 19 日，最早声称发现金矿的菲律宾地理学家古斯曼乘坐直升机，飞跃丛林去步桑，但他却走上了一条不归路。飞行员说，古斯曼自己跳下了飞机，但大多数人都认为古斯曼是被苏哈托手下推下飞机的。后来，古斯曼的一个遗孀声称他还活着。不管事实如何，骗局最终还是败露了。弗里波特公司在一周内宣布，勘探样本中的黄金含量几乎可以忽略不计，而且样本中金沙的外观特征和 Bre-X 样本相比存在着显著的差异，这意味着 Bre-X 可能对勘探样本动了手脚。Bre-X 宣布聘请斯特拉康纳公司（Strathcona）对样本进行独立检验。与此同时，Bre -X 的股票被停牌。

斯特拉康纳于 5 月公布了调查报告，其结果支持弗里波特的诉称，并确认 Bre-X 的样本掺假。在采矿业里，样本作假有很长的历史，专家们会想尽各种办法来检验样本的真伪，以防范这一问题的发生。据说，在长达 3 年半的时间里，Bre-X 对数十万个矿产样本进行了"加工处理"。这一重大利空消息让 Bre-X 的股价继续下跌，这家市值最高达到 60 亿美元的上市公司最后以破产告终。公司创始人大卫·沃尔什于 2008 年去世，约翰·菲尔德霍夫虽被起诉，但最终被判无罪。损失惨重的 Bre-X 投资者最后连谁导演了这场惊天骗局都不知道。

Bre-X 的投资者中既有历史悠久的金融机构，如富达投资（Fidelity Investments）和魁北克养老基金，还有众多普通的投资者。Bre-X 在多伦多证交所上市后被纳入 TSE 指数，这使它成了相关指数基金必须配置的资产。富达投资虽然不对投资个案进行评论，但说在持有 Bre-X 股票的这段时间里，其证券组合一直在升值。换言之，该公司利用各种投资工具和交易品种分散了投资风险，并降低了某个烂苹果可能带来的不利影响。

Bre-X 想方设法向英美监管当局证明自己找到了金矿。虽然公司的一些主要负责人在股价暴跌前卖出了价值数百万美元的股票，但没有一个人因此而蹲大狱。投资者没有得到任何赔偿。这或许是一个完美的犯罪，就连罪犯到底是谁我们都不知道。

抵御"拉高出货"骗局的最佳方法

如果你喜欢在规模较小的市场里从事高风险、高回报投资交易，那么最好认清两个事实：首先，你无法预知未来；其次，你的一些投资可能会损失惨重。虽然欺诈不是遍地开花，但像 Bre-X 这样的公司的确存在。基于上述原因，将自己的全部家当投注于一两家公司的做法是愚蠢和鲁莽的。分散风险是抵御"拉高出货"骗局的最佳方法。虽然这不足以减少单笔投资带来的损失，但却可以让你免受某次不幸投资的致命冲击，让你能够保存实力，有机会东山再起。

天真的投资者希冀在一些不透明的市场里，通过连续买卖一系列高风险个股迅速致富。许多投资参考就是针对这类投资者编写的，其推荐的买入级股票多如牛毛。但实际上，这些乐观的赌徒最终都会输钱。即便如此，怀揣着天真梦想的新投资者还是会源源不断地涌入股市。

所以，如果你忍不住要在个别新股上赌一把，那么请牢记，肯定会有庄家在操纵某些股票，准备"拉高出货"。你要做好全部投资打水漂的思想准备，最好不要投入过多资金于此类高风险个股。

大多数人并不是鲁莽的赌徒，因此也就不太容易被玩弄"拉高出货"伎俩的庄家坑害。不过，他们更容易掉进庞氏骗局的陷阱中，特别是当骗子谎称投资回报中规中矩，但又十分稳定的时候，就像麦道夫案和斯坦福案所展现的那样。这类投资者在很大程度上依赖监管机构的保护，所以他们在麦道夫案爆发后感到非常愤怒，因为监管机构虽然屡次收到举报，却迟迟没有行动。20 世纪七八十年代的证监会执法严厉，但如今的证监会却变得十分无能。接下来就让我们来看一看麦道夫是如何长期经营这个精妙骗局的。

证监会对麦道夫的怀疑

麦道夫的岳父索尔·阿尔佩恩（Saul Alpern）是一名会计师，他借给麦道夫 5 万美元，帮助其开始了在华尔街的职业生涯。没过多久，富商卡尔·夏皮罗（Carl Shapiro）又给了他 10 万美元，让他代为投资。麦道夫用这些钱积极交易，并用挣得的佣金资助其小小的证券经纪业务。麦道夫鼓励岳父介绍更多的客户，并给他一些提成。美国证监会规定，客户数量不超过 15 人的投资经理无需取得证监会颁发的执照，不过麦道夫的客户数量很快就超过了这个数字。1962 年，他要求阿尔佩恩将引荐来的资金合并成一个账户，这样他就不用获得证监会颁发的执照了。没过多久，阿尔佩恩将自己的会计师事务所合并入麦道夫的经纪公司，并介绍会计师弗兰克·阿维利诺（Frank Avellino）入伙，让他引荐更多的客户。

就这样，弗兰克·阿维利诺成了最早给麦道夫介绍客户，也是给他"喂款"时间最长的掮客之一。我之所以要提这一点是因为，证监会在 1991 年就第一次收到了对于麦道夫的举报，而举报对象就是阿维利诺的阿维利诺比恩斯公司（Avellino & Bienes）。这份举报的核心内容是投资者经常会碰到的一个问题：夸大投资的安全性。该公司的两个私人投资客户向证监会提交了阿维利诺比恩斯的一份销售推荐信，其内容足以引起每个投资者的警觉。1991 年 8 月 7 日寄出的这份材料写道：

> 25 年来，我们公司只委托一家华尔街经纪商进行投资。该经纪商以阿维利诺比恩斯的名义进行股票和债券交易……我们不招揽新客户，但却希望能为像您一样被引荐的个人提供投资便利……总之，这是一个非常私密的群体，我们不发布财报，也不印制招募说明书或宣传册……您交付给阿维利诺比恩斯的资金将作为借款，我们用这些钱进行投资，而您每个季度则能够获取利息……年化利率高达 16%。

乍一看，这笔投资很诱人，你把钱借给阿维利诺比恩斯，它向你支付不错的利息。但对投资者，特别是普通投资者来说，值得警惕的是有关私密性和排他性的强调。实际上，投资经理和钱没仇，哪怕是区区 5 000 美元他们也不会放过。

证监会还收到了一份宣传单，这份材料是为阿维利诺比恩斯招揽客户的一位投资顾问印制的。宣传单上这样写道：

> 这笔投资安全吗？百分百安全。您的资金绝不会有任何风险。在过去 20 多年里，该投资连一笔输钱的交易都没有做过。所有资金都由一位纽约经纪商打理，该经纪商以阿维利诺比恩斯公司的名义进行投资。其交易原则是在买入可转换证券的同时沽售普通股，并以此锁定利润。其他种类的无风险交易手段也会被使用。

这份材料绝对会让人起疑。无风险交易能保持 20 年之久？这好比中世纪的炼金术士找到了点金石。作为一个投资者，你必须自己弄清楚交易的盈利机制，而不是听信别人的话。

证监会调查人员说，阿维利诺比恩斯公司"似乎在向公众销售证券，但没有在证监会进行注册，这违反了1993年《证券法》的相关条例"，他们还担心"阿维利诺比恩斯在投资信息披露方面透明度不够"，并怀疑"该公司可能实施庞氏诈骗"。

1992年7月，证监会传唤了公司负责人弗兰克·阿维利诺和迈克尔·比恩斯（Michael Bienes），他们说已将4亿美元客户资金和4 000万美元自有资金交给了麦道夫投资，还说麦道夫使用蓝筹股的卖出和买入期权进行一系列复杂对冲交易，并将这一策略命名为"价差执行转换套利策略"（split strike conversion strategy）。

同年，证监会派出一个小组对麦道夫的公司进行了粗略核查，其目的是验证阿维利诺比恩斯公司提供的交易记录是否属实。调查人员并未被告知正在调查庞氏诈骗案。总之，调查的重点是阿维利诺比恩斯公司，而非麦道夫。所以，他们丝毫不怀疑麦道夫所提供材料的真实性。两边的账目的确对得起来，调查人员根本没有核查麦道夫用什么办法挣钱还本付息。在多年后的一次质询中，上述调查人员承认知道麦道夫在业界很有声望，因此觉得没有必要对其公司进行深入调查。

11月，证监会对阿维利诺比恩斯公司提起诉讼，认为其在没有获得投资公司资格的情况下非法向公众销售未经注册的证券，但并未提到该公司实施欺诈，也没有对麦道夫的公司提出怀疑。法庭指派了一个名叫李·理查兹（Lee Richards）的清算管理人，让他负责阿维利诺比恩斯公司的清盘工作和对投资者的赔付工作。理查兹说，自己的责任是"对麦道夫的账目进行独立核查，而不是对其报告所持有证券的真实性进行调查。也就是说，只要麦道夫提供的账目符合我们对阿维利诺比恩斯拖欠投资者资金数额的判断，只要我们最终能追回这些欠款，并将其偿付给投资者，那么我们的任务就完成了，我们不会对麦道夫实施进一步调查"。

次年，虽然法庭指派的审计师抱怨说公司的大部分文件无法追踪，但投资者的绝大部分钱款已被追回，阿维利诺比恩斯被罚 25 万美元，两位老板每人被罚 5 万美元，而且被禁止在未来销售证券。证监会当时的一位律师说："结果很圆满，我们很满意。"投资者基本没有损失，这的确是个不错的结果。

说句公道话，证监会当时对该案的态度是可以理解的。金融监管机构最怕普通投资者血本无归，严重的金融诈骗经常引发这样的恶果。由于证监会没有理由怀疑麦道夫，所以他们认为所有问题都出在阿维利诺比恩斯公司身上。如果事实真像他们所想的那样，那么证监会的确有理由感到宽慰，毕竟他们把问题扼杀在了萌芽状态，让众多普通的投资者全身而退。不过，证监会承认，他们派出的调查小组的确缺乏经验。专家指出，阿维利诺比恩斯和麦道夫合作很久了，调查者应该注意到这一事实，从而对麦道夫展开进一步调查，但他们却没有这么做。在我撰写本书的时候，人们还没有搞清楚，麦道夫到底是把伪造账目交给了调查者，还是拆东墙补西墙，用其他投资者的钱偿还了本案所涉及的投资款。

与核心问题失之交臂

20⁰⁰年，分析师哈里·马科波洛斯接触证监会，称有证据显示麦道夫可能在实施诈骗。由此开始的调查程序十分漫长，但最终却因误解和延误而以失败告终，我们将在后面详细介绍相关内容。2001 年 5 月，两篇质疑麦道夫的文章分别出现在 *MARHedge* 杂志和《巴伦周刊》（*Barron's*）上，前者知道的人不多，后者则是知名的金融期刊。第一篇文章的名字是《麦道夫拔得头筹：他是怎么做到的?》（*Madoff Tops Charts*; *Skeptics Ask How*），另一篇则名为《不要问，也不要说》（*Don't Ask*，*Don't Tell*）。

MARHedge 杂志刊载的文章写到，麦道夫管理着 60 亿～70 亿美元资金，这些钱主要来自 3 家喂款基金，人们"惊讶于麦道夫能够月复一月，年复一年地获得如此稳定的投资回报"，暗示麦道夫所称的"价差执行转换套利策略"难以获得波动如此之小的回报（此处的波动是指回报的变化幅度，一般来说证券市场总会涨涨跌跌）。

这篇报道提到，麦道夫对自己的非凡业绩自信地给出了看似可行的解释，但在被问及细节时，他却答道："我可没兴趣让全世界学会我们的交易策略，我也不会详细说明我们如何控制风险的相关细节。"《巴伦周刊》的文章更抓眼球，文中写道："在过去十多年里，麦道夫账户的复合年投资回报率高达 15%。"该文章还引用了一位投资者的话："麦道夫告诉我们：'如果你把钱交给我投资，那么千万别告诉别人。我负责投资，你们就别问这么多了。'"

这两篇文章虽然没有明说麦道夫不诚实，但却都指向了问题的症结：除了麦道夫及其助手，没有人能解释他所使用的价差执行转换套利策略如何在那么长的一段时间里获得了如此稳定的回报。后来的调查资料显示，上述文章发表后的数年时间里，负责侦办麦道夫案的证监会东北区办公室（North East Regional Office）的工作人员没有一个人看过这两篇文章。

2002 年，证监会位于华盛顿特区的合规监督和审查办公室（Office of Compliance Inspections and Examinations，OCIE）对注册的对冲基金进行了检查，要求基金经理上报遇到的任何可疑活动。2003 年初，一位对冲基金经理联系 OCIE 专员，说发现了一些问题。原来该基金原本打算投资麦道夫的喂款基金，于是对其进行了尽职调查，结果却发现麦道夫的操作存在一些问题。

在一次会议中，麦道夫对该基金的经理和期权交易专家说，他在芝加哥期权交易所（Chicago Board of Options Exchange，CBOE）进行所谓的价差执行转换套利策略。在场的期权交易专家跳了起来，问麦道夫这怎么可能，因为相关期权市场的容量根本无法满足麦道夫的交易需求，他管理的资金实在是太多了。这位交易专家后来打电话给芝加哥期权交易所的老友说："我问他们有没有和麦道夫交易，发现没人在进行相关的标普 100 指数期权交易。有趣的是他们都说：'是啊，我也听说他在进行此类交易，但我们真的找不到这些交易。'"在向证监会提交报告时，该对冲基金的经理提供了详实的材料，其中包括 *MARHedge* 杂志刊载的文章。

但 OCIE 对此并没有迅速采取行动。2003 年秋天，上述报告被转交给了 OCIE 的自律组织（Self-Regulatory Organisations Group，SRO Group）。一切如故，还是什么行动都没有，直到同年 12 月，证监会的另一个部门传来消息说麦道夫可能在进行抢先交易①。自律组织联系了麦道夫，麦道夫后来说："在我看来，调查人员显然把重点放在了抢先交易上。他们认为证监会当时正在全力打击老鼠仓，这次调查只是整个行动的一部分。"

2009 年爆出的材料显示，这次调查让还对监管机构的能力抱有一丝幻想的

---

① 先于客户进行相关证券的非法买卖，又称老鼠仓，OCIE 已经判定该操作无法解释麦道夫的长期稳定收益。——译者注

人彻底失望了，整个调查过程极为笨拙。证监会的工作人员证实说，部门正在扩张，招募了很多新人，部门里的很多人都是毫无经验的菜鸟，他们没有接受过培训，上头让他们边干边学。许多调查人员是对金融产品一无所知的律师。自律组织并未邀请部门内的专家来协助调查。有关此次调查的一份"计划备忘录"于12月份曝光，里面根本就没有提到麦道夫实施比老鼠仓更为严重诈骗的可能性。

我们先前说过，那位基金经理于2003年提交的报告中还涉及两大疑点：麦道夫的投资回报极为稳定，以及相关市场无法满足麦道夫投资策略所需的交易需求。在被问及为何不仔细调查这两点，为何不怀疑麦道夫所雇审计师独立性的时候，调查负责人回答说不记得在相关报告中看到过这两点。在被问及为何将调查重点放在抢先交易上时，他回答说："我的团队负责对交易进行核查，所以我们紧盯交易方面的问题……这或许是因为我们团队在这方面比较在行。"另一位调查人员说："我之所以怀疑麦道夫进行抢先交易，是因为我觉得获得有关交易指令的敏感信息能让知情者通过抢先交易大赚一笔。但后来我才慢慢意识到，这套理论不适用于麦道夫……"后来他承认自己对对冲基金及其运营知之甚少，甚至一无所知。

就这样，一群乳臭未干、对证券业一无所知的律师开始调查麦道夫是否实施了抢先交易。随便哪个专家都会明明白白地告诉他们，这种操作无法解释麦道夫的长期稳定收益。虽然已经有报告和报道提出麦道夫的问题可能出在哪里，但他们就是置若罔闻。

情况变得更糟了。调查组起草了一份要求全国证券交易商协会（NASD）提供麦道夫交易记录的公函（麦道夫在纳斯达克比较活跃），但却没有将其发出。证监会后来进行的质询显示，这封公函之所以没有发出显然是因为调查人员认为使用麦道夫自己提供的交易数据速度更快，因为 OCIE 习惯使用调查对象提供的数据，即便后者涉嫌欺诈！虽然调查组在计划备忘录中提出需要了解为麦道夫提供资金的喂款基金，但实际上，他们并没有要求这些公司提供相关信息。

2004 年初，麦道夫否认自己正在运营对冲基金，他说自己以机构客户的名义进行交易。虽然这些陈述与 2002 年那位对冲基金经理所写报告的内容相冲突，但调查人员也没有认真查证麦道夫所说的话是真是假。他们的确找过这位基金经理了解情况，后者用各种证据把自己怀疑麦道夫的理由又完完整整地说了一遍，但还是没有用，调查组依旧乐呵呵地寻找麦道夫进行抢先交易的证据。一位调查人员在接受质询时作证说："这里的人和事有点疯狂，有点离奇，像情景喜剧那样不真实……"

然而，调查组努力想搞清麦道夫所说的价差执行转换套利策略究竟是怎么回事，但却无法厘清他提供的交易数据。而且调查组也开始怀疑麦道夫是否在扮演投资顾问的角色，虽然他对此予以否认。2004 年 4 月，上级突然命令调查组暂时搁置麦道夫的案子。有人举报个别经纪自营商向客户推荐特定的共同基金，并收取佣金，但却没有向证监会报告相关情况。大部分人手都被派去调查这个案子了。同年，证监会的东北区办公室在不知道上述调查的情况下着手对麦道夫展开调查。在麦道夫告诉他们自己已经接受过 OCIE 自律组织调查后，NERO 才和同事进行了简短沟通。虽然 OCIE 提供了一些文件，但 NERO 提出的许多信息共享请求却没有得到回应。后来，证监会邀请富事高商务咨询（FTI Consulting）的外部专家介入调查，他们得出的结论是，正是由于自律组织的处置不当，一次原本可以让麦道夫早在 2004 年败露的大好机会就这样被错过了。

2004 年，证监会的一个审查员在对文艺复兴科技公司（Renaissance Technologies LLC）进行例行检查时发现了一些质疑麦道夫的内部信件。这些信件认为麦道夫的证券交易存在异常，期权交易没有如实呈报，其操作缺乏透明度，外部审计缺乏独立性，投资回报过于稳定，佣金结构异乎寻常。NERO 调查组对上述疑点不闻不问，一味地将调查重点聚焦在两种可能上，即抢先交易和"摘樱桃"。"摘樱桃"是指开设多个账户进行证券交易，随后再根据操作结果好坏决定使用哪个账户进行宣传，以此来吸引资金。如果客户事先不知道还有其他账户的存在，那么这种操作就是违法的。

> "摘樱桃"是指开设多个账户进行证券交易，随后再根据操作结果好坏决定使用哪个账户进行宣传，以此来吸引资金。

选择这两个调查方向并不明智，因为这两种欺诈所产生的利润不足以提供麦道夫支付给客户的长期稳定回报。此外，文艺复兴科技公司的内部信件详细分析了为何麦道夫没有如实说明自己的期权交易策略（麦道夫总是说自己使用期权实施价差执行转换套利策略），但 NERO 小组却忽略了这一点。和前一次调查一样，NERO 小组也没有邀请投资方面的专家，而是让有关经纪自营商的专家开展调查。调查组使用的大部分材料由麦道夫提供，他们也没有向第三方验证过这些材料的真实性。如果他们这么做了，麦道夫的骗局就无法维持下去。麦道夫实施诈骗的许多蛛丝马迹其实已经在调查过程中显现，但小组领导却没有让下属顺藤摸瓜，继续追查，以致贻误了战机。最终的调查结果是，麦道夫没有实施抢先交易，而只有一些小小的技术违规。调查中一些危险信号所涉及的严重问题根本没有出现在报告中。调查人员甚至一度接近了问题核心，让麦道夫开始变得坐立不安，气急败坏。这种情况十分反常，因为麦道夫以前在接受证监会调查时一直都非常友善，心平气和。

一些永不消失的欺诈

"拉高出货"和庞氏骗局可能永远都不会消失。它们就像经过完美进化的寄生虫，每个器官都是为了充分盘剥宿主而设计的。

　　"拉高出货"这种把戏之所以能够奏效是因为股市偏爱乐观情绪。大多数投资者都希望自己能够买入价格持续上涨的股票，所以，他们一听到某公司有重大利好消息或故事就会心动，就容易掉进甜蜜的陷阱，但步桑真的挖出金子了吗？在投资者看来，一群地理专家和监管者好像为所谓的金矿进行了背书。实际上，Bre-X 最初的资本是通过私募得来的，相应的监管标准要比公募集资低很多。该公司实际上只在 1989 年于阿尔伯塔颁布过招股说明书，那时离他们宣布发现金矿还非常遥远。巴里克黄金和其他大型矿业公司的介入让投资者觉得 Bre-X 真的找到了金子。Bre-X 股票被加入多伦多指数又让投资者吃了一颗大大的定心丸。

> 理性投资者不会因为一次失足而满盘皆输，因为理性投资者不会把所有资金都投入一家股票交易量不大、信息不透明的小公司。无论骗子们把故事编得有多美，他们都会通过购买多种投资产品来分散风险。

　　骗局败露后，许多地理学家和行业分析师都说，Bre-X 对样本进行如此大规模的作假简直让人难以想象。Bre-X 找到金矿的确凿证据其实并不存在，但不小心的投资者可能会接受间接证据，这样的举动或许可以被原谅。所以，此类欺诈的运作机理是这样的：想办法把交易搞得像真的一样，这样傻瓜们就会上钩了。理性投资者不会因为一次失足而满盘皆输，因为理性投资者不会把所有资金都投入一家股票交易量不大、信息不透明的小公司。无论骗子们把故事编得有多美，他们都会通过购买多种投资产品来分散风险。

庞氏骗局可能更隐匿，特别是当它们被伪装成保守而稳定投资的时候。虽然注定要失败，但庞氏骗局可以维持许多年，定期付息的假象让已经掉进陷阱的受害者感到安心。骗子往往会根据目标市场的特点精心包装骗局：为了吸引富有而又比较精明的客户，麦道夫努力把自己装扮成一个值得尊敬和行事保守的精英，但如果目标受害者比较无知，那么骗局就不用设计得那么精致了。

比如，某些国家曾经有骗子让投资者（主要是穷苦的农民）喂养装在箱子里的"特种蚂蚁"，这些蚂蚁成熟后会被回收，然后被研磨加工成壮阳药。很难想象麦道夫案的受害者会觉得每天给蚂蚁喷糖水是一项令人兴奋的投资。监管机构或许很难铲除精心设计的庞氏骗局，即便他们有所怀疑。所以，对依靠监管者来保护自身利益的投资者来说，这种诈骗就变得十分危险。在大多数情况下，当监管机构开始行动的时候已经太晚了。因此大家一定要小心！

诈骗动机千差万别

照目前的情况来看，我们不知道华尔街到底有多少精神变态。也许其比例高达 10% 以上……

精神病理学领军人物，罗伯特·黑尔（Robert Hare）

金融欺诈没什么稀奇的。你不妨环顾四周，问问自己：有多少熟人值得你托付大笔钱财？我们每天都会碰到不守信的人，收银员会向你多收货款，修理工会虚报修理项目。我们总有那么一两个不靠谱的亲友和随时准备算计你的同事。一些大公司也会做一些介于合法与非法边缘的事情，某些公用事业企业会不请自来，打电话让你更换服务提供商，或者让你再换回去。随着社会阅历的增长，我们锻炼出了用来对付这些坏人的技能。我们会清点零钱，会仔细核对维修清单。我们知道，把钱借给某些人是肉包子打狗，有去无回。在和大公司打交道的时候，我们学会了如何伸张消费者权利。换言之，我们很清楚许多人和组织不值得信赖，所以就努力想办法去应对。

不过，如果商家和各种重要机构缺乏更高的道德标准，我们的社会就无法正常运作了。在购买房屋时，我们希望房产律师不会卷走我们的房款（这种情况的确发生过，但很少见）。在看病时，我们希望医生不会用毒药毒死我们，然后修改我们的遗嘱（不要忘记哈罗德·希普曼医生）。在进行信用消费时，我们希望商家如实收取货款（大多数商家不会多刷你的信用卡）。在购买低风险普通投资产品时，我们希望经纪商、投资顾问、会计师和基金经理能够诚实守信。

所以，信任对金融活动来说是至关重要的。如果一个不诚实的人能激发人们的信任，那么这种人就能轻而易举地欺骗别人。我们只要环顾四周就会发现，许多人，甚至是大多数人只要遇到有关钱的问题，就会变得不那么诚实，所以我们知道不要轻易把钱财托付给别人。那么，什么样的人容易让人信任，并利用人们的信任行骗呢？

对于到底什么样的人值得信赖这个问题，人们有着极为不同的看法。某人眼中的奸商可能是他人眼中的金融奇才。我们似乎很难将容易骗取信任的行骗者归为某种人格类型，不同的人格类型适用于不同种类的受害者。作为投资者，我们必须深入了解人的本性，所以在这一章，我们将介绍有关骗子人格的心理学研究。要了解和说清骗子的人格特征比你想象的难。大多数有关骗子的文献资料主要涉及行骗手段和预防措施，而非骗子的人格。此外，对于如何定义和理解骗子的人格，行为心理学家也存在较大分歧。

很显然，骗子行骗的动机千差万别，我们不能用单一的经济动机来解释所有诈骗犯罪。所以，搞清楚他们到底想要什么可以帮助我们更好地理解其行为。有些人的动机非常直接，也很具体，比如"我在为公司交易的时候输掉了 5 000 万美元，我要把这笔钱赢回来"。即便是如此具体而简单的动机也可能有更为复杂的深层原因。

比如，据说巴尤对冲基金（Bayou）的创始人山姆·伊斯雷尔（Sam Israel）很想用事业上的成功来向家人证明自己。但在牛市中，他的基金一开张就亏钱了，这让他十分难堪。一旦情感需求占了上风，理性思考就只能靠边站了，伊斯雷尔顾不上被抓的风险，也没能安慰自己，让自己相信情况总会慢慢好起来（巴尤基金的业绩后来的确有了起色）。因此，我们不能假设骗子会"理性"计算行为的后果，因为他们可能已经被强烈的情绪冲昏了头，以至于无法清醒地评估。更可怕的是，其中一些人或许患有严重的人格障碍，如精神变态，他们做出的决策是非理性的，是短视的。

第二部分

行动起来，识别诈骗者

第 4 章
是鲨鱼，还是疯子

欺诈案例：

1. **尼克·李森**

   用一系列未经授权的高风险交易让巴林银行彻底破产。

2. **尼日利亚诈骗团伙**

   足智多谋，四处行骗，建立了全球诈骗网络，而且积极运作诈骗所得。

如果你碰到一个富有魅力、睿智聪慧且容易赢得他人信任的人，他可能真的是一颗金融界的明星，但也可能是一个利用注定要败露的骗局坑害投资者的精神变态者。

金融诈骗犯中的精神变态者

对这个问题我们无法给出确切的回答。精神变态相关研究的对象主要是暴力犯罪分子，而且研究者认为，在工作场合很难开展相关研究。美国精神病医生赫维·克莱克利（Hervey M. Cleckley）于1941年出版了《理智的面具》（*The Mask of Sanity*）一书。这本书被广泛认为是精神领域的重要著作。随着这本书的出版，精神变态这一概念也开始流行起来。由于人们将这一概念和不相关的精神病概念混为一谈，再加上媒体的质疑，有些人开始怀疑精神变态这套理论到底对不对。过去20多年的广泛研究极大地提高了人们对于精神变态的临床认识，相关诊断方法也得到极大改善。

精神变态是一个科学概念，是一个用以描述特定综合征（与一簇不同人格特征和行为相关的人格障碍）的现代术语。心理学家需要使用许多设计巧妙的测试对其进行诊断。所以，我们无法诊断出某个历史人物是不是精神变态患者，也无法根据媒体报道将某个诈骗犯，如麦道夫或斯坦福诊断为精神变态患者。

然而，我们有充分理由怀疑金融诈骗犯中有很大一部分人属于精神变态患者。比如，本书提到的许多骗子都具有精神变态的典型特征，如不计后果、富有魅力、欺骗性强，以及缺乏共情和负罪感。不仅如此，相关研究已经证实，骗子们特别喜欢便于他们滥用别人信任的工作。金融行业中这类工作特别多，所以我们有理由相信骗子钟爱这个行当。

有报道说，金融从业者人群中有10％的精神变态患者。该结论并未得到科学证据的支持。实际上，针对金融业，乃至企业进行的相关研究非常罕见，而且这些研究的样本量太小，以至于研究结果不具代表性。一项此类研究发现，样本中4％的公司高管属于精神变态患者。虽然我们无法将这一结论外推至整个公司高管群体，但该结果能够说明一些问题，毕竟4％这一比例远高于正常人群的发病率，后者不过是1％。

虽然相关研究还不太多，但精神变态研究领域的领军人物罗伯特·黑尔（Robert Hare）认为，华尔街精神变态患者的比例"或许高于10％，因为此类创业者和冒险者偏爱利润丰厚的金融业，特别是那些油水足但监管松懈的领域"。但在确凿的研究结果出炉之前，我们只能根据媒体报道的各种故事进行不准确的猜测。

那么精神变态患者到底是什么样的人呢？黑尔将他们描述为"物种内捕食者"，也就是以同类为捕食对象的个体。这类捕食行动有很多种类，未必都是暴力的，也并不是所有精神变态患者都会犯罪，都会蹲大狱。就目前的认识来看，这种精神障碍所涉及的各种特质是程度轻重的问题，而非或有或无的问题。相关诊断主要对被试4个方面的人格特质进行评估。只有在这些方面得分很高，而且具有相关医疗和刑事犯罪记录的人才会被诊断为精神变态患者。《变态心理量表修订版》（*Psychopathy Checklist-Revised*，PCL-R）是该领域的一项著名测试，总分40，被测者必须得到30分以上才能被诊断为精神变态患者。

黑尔认为，精神变态患者主要有以下这些人格特征：

> 花言巧语，貌似诚实可信
>
> 认自我为中心，夸夸其谈
>
> 不悔恨，不内疚
>
> 缺乏共情

具有欺骗性，善使手腕

感情肤浅

这些人格特质会引发相关行为特征：

冲动

行为失控

喜欢找刺激

没有责任心

反社会

　　精神变态患者往往看起来很有魅力，而且特别善于欺骗和操控别人。他们非常小心地挑选被害者，并能轻易发现和利用对方的心理弱点。这些人不会共情，在他们看来，其他人只是可以被利用的物件。他们似乎无法将心比心，进行换位思考，但却"学会"将自己伪装得十分善解人意。无论所犯罪行有多重，他们都不会感到内疚。他们自视甚高，目标远大，而且常常认为自己可以凌驾于法律之上。这些人觉得自己拥有特权，而且蔑视社会规范，虽然他们会掩藏这一想法。

　　虽然精神变态患者是可怕的敌人，对其受害者来说极其危险，但他们绝对不是超人。他们所具有的那些猎食者特质恰恰是他们的弱点。这些人对侮辱常常极为敏感，而且会做出暴力反应。他们很冲动，行动起来不计后果。他们喜欢寻找刺激，喜欢做有风险的事。但就如何实现自己的宏伟目标，他们往往没有清晰的行动计划。

　　这些特征或许可以解释为何一些骗子实施注定要失败的骗局。比如，庞氏骗局一开始未必就是个骗局，后来的一些冲动决策，如导致亏损的风险投资，让业务脱离了正常轨道，为了掩盖损失，当事人被迫拆东墙补西墙。一旦踏入这个泥潭，当事人就很难自拔，他心里只想着如何避免骗局败露，但却不知道应该如何走出困境。相关理论认为，与正常人相比，精神变态患者在身处此类"陷阱"时更加安之若素，因为他们不恐惧，喜欢冒险，而且不太考虑后果。

遗憾的是，除非实施严格测试，否则我们无法判定某人，如麦道夫是不是精神变态患者。大众媒体把这个词用烂了，麦道夫甚至在一次采访中谈到这个问题，他说一个精神病医生说他绝对不是社会病态患者（社会病态往往指不具有暴力倾向的精神变态）。精神变态患者很可能会讲述这样的故事，但这无济于事。作为普通大众，我们无法进行专业鉴定，最多只能说麦道夫看起来像是个精神变态患者，因为他看似很有魅力，很有欺骗性，行事不计后果，而且似乎对所犯罪行悔恨不已。

投资者，特别是总以为金融从业者会理性行事的投资者应该了解一下有关精神变态的知识。因为这类人能够成为一流的骗子，而且还敢尝试连"正常"骗子都觉得风险太高、压力太大、不太敢碰的骗局。本书论及的许多骗子最终可能会被证明是精神变态患者，所以"理性正常"的骗子可别学这些坏榜样，你们没有这个胆量和能力去干这些事。骗局永不消逝这一事实提醒我们，骗子可能，或者说很可能会不计行为的后果。具有这类特征的人或许真的就是精神变态患者。

容易滋生欺诈行为的情境

很多学者觉得彻底搞明白骗子的内心世界是不可能的，于是他们选择了另一条分析道路，那就是分析容易滋生欺诈行为的情境。科恩（Cohen）和费尔森（Felson）于 20 世纪 70 年代提出了日常活动理论（Routine Activity Theory）。日常活动理论认为，行骗者会理性而认真地评估各种风险，只有在预期收益大于预期风险以及被抓成本时，他们才会动手。我们先前已经提到过，并非所

日常活动理论认为，行骗者会理性
而认真地评估各种风险，只有在预
期收益大于预期风险以及被抓成本
时，他们才会动手。

有骗子都会如此理性地思考，不过很多
骗子可能真的会进行类似评估。日常活
动理论提出了 3 个相关因素：

1. 实施犯罪的机会

2. 有效防范的缺乏

3. 实施犯罪的动机

科恩和费尔森认为，犯罪率之所以没有随着经济的发展而下降是因为经济繁荣时期的作案机会更多。在日常工作场合，骗子和受害者有很多机会接触，这时候行骗的机会就变得更加明显。如果有效防范机制没有建立，那么罪犯就会动手。所以，该理论试图找出那些容易滋生诈骗的情境。

1995 年，巴林银行（Barings）新加坡分行的期货交易员尼克·李森（Nick Leeson）用一系列未经授权的高风险交易让他的东家彻底破产。李森之所以这么做是想增加交易利润，进而提高自己的奖金数额。当交易发生亏损后，他却掩盖事实，继续交易，希望能把输掉的钱赢回来，却不想输掉了更多的钱。最后巴林银行因为负债 8.27 亿英镑而破产，这个数字是其交易资本的两倍。

在用日常活动理论对该案进行分析时，我们会强调巴林银行缺乏有效的内控监督机制。据说该行高管并没有意识到衍生交易会让他们债台高筑。巴林银行的内控机制原本应该在局面失控之前及时阻止李森的交易。日常活动理论认为，对于那些提供广泛违规机会，但又缺乏有效监管的工作岗位，我们必须特别小心。李森在新加坡分行完全有能力掩盖自己的违规交易，他的上司一直都被蒙在鼓里。

日常活动理论侧重防控方面的因素。该理论认为，监管不力的情境容易滋生欺诈。这种逻辑适用于投资界，因为金融欺诈也有流行风潮，某种欺诈形式往往会流行数年，然后被另一种欺诈形式所取代。上述流行趋势的变化往往和某地区监管的加强和放松有关。比如，2007 年爆发的次贷危机就缘于美国房贷市场监管的渐进和大幅放松，导致很多中介机构敢于实施大规模欺诈。在监管严厉的年代，这种情况根本不可能发生。所以，很了解行业监管现状的人或许能够预测欺诈的未来发展趋势。

普通投资者对于各种保护其利益的监管机构并不十分了解。或许我们应该在这一方面好好下一番功夫。我们需要了解一些基本保护机制，比如存款赔偿机制的细节。我们还应该清醒地认识到，不同国家的监管和投资保护机制有所不同。这点非常重要。鲁里坦尼亚（Ruritania）的存款保护机制和英国的当然不同，存在该国银行的存款也不会受到英国存款赔偿机制的保护。2008 年，冰岛网络储蓄银行的英国储户损失惨重，英国政府出面进行赔偿，但英国政府原本不需要

> 我们需要了解一些基本保护机制，比如存款赔偿机制的细节。我们还应该清醒地认识到，不同国家的监管和投资保护机制有所不同。

承担这一责任。正是由于冰岛政府的不作为，放任其银行违约才迫使英国政府出面干预。你在进行投资的时候一定要注意这样的细节，一些投资者保护计划如一纸空文，毫无效力。

尼日利亚诈骗团伙有何特殊之处

虽然臭名昭著的尼日利亚诈骗团伙还没有完全渗透进投资界，但考虑到他们在实施金融诈骗时所表现出来的创造力和才华，这一天迟早会到来。我们

之所以要介绍其骗术和组织架构是为了更好地了解骗子的所思所想。

从 20 世纪 80 年代开始，尼日利亚诈骗团伙就开始在世界各地作案。他们想方设法让各国受害者给他们汇去大量的钱款。由于尼日利亚曾是英国殖民地，所以这些团伙将英国视为主战场，不过，他们的业务发展也呈现出国际化趋势。我曾在马来西亚槟城待了一周，亲眼目睹了一个刚被泰国政府驱逐的尼日利亚团伙在当地网吧实施诈骗。

这些骗子实施的骗局种类繁多，而且很有创意，预付金诈骗（Advance Fee Fraud）或称西班牙囚徒诈骗（Spanish prisoner scam）就是其中一个主要类型。这种诈骗历史悠久，是一个传统骗局。在历史上，骗子告诉受害人自己需要赎金来营救一个被关在西班牙的富有亲戚。如果受害人肯帮忙出这笔钱，将骗子的亲人救出，那么他将获得巨额酬金。

尼日利亚诈骗团伙在这个底本上编写自己的骗局，这类骗局被称为"419 骗局"，因为尼日利亚刑法第 419 条适用于此类犯罪。骗子会发邮件给外国人，邀请其出资，协助他们完成一件重要的事情。他们通常会编一个故事，说有一大笔钱被冻结了，如果受害人愿意出资几千英镑，那么在这笔巨额资金解冻后，他将获得几百万英镑回报。有时候，骗子会利用各种借口骗被害人多次汇款，直到后者发现苗头不对。一些受害者自始至终都不知道自己被骗了。

故事的版本有很多，一些听起来十分可笑，比如骗子正在努力解冻萨达姆的私人财产；一些则非常真实，比如骗子会拦截打去尼日利亚的电话，然后告诉对方，他们在尼日利亚的亲友遇到了车祸，急需一笔钱。这群骗子广发信件和电邮，就连那些最不靠谱的故事都会有个把受害者上钩。

美国联邦调查局公布的资料显示，419 骗局已经让美国人损失了 10 亿多美元。一家荷兰公司估计，仅 2005 年一年，相关案件就让英国人损失了 5.2 亿美元。虽然尼日利亚政府试图打击这些诈骗团伙，但西方国家政府似乎没有那么卖力。这部分是因为一些受害人没有报案，此外，人们普遍认为，愚蠢或贪婪到连这种骗局都会相信的人实在是活该倒霉。诈骗团伙发出的信件和电邮充满了明显的错误和荒唐的情节。骗子常常会邀请受害人参与犯罪，比如挪用某非洲国家政府的公款。换言之，受害人应该有充分的理由识破骗局。尼日利亚的骗子有时声称，受害人之所以会上当是因为他们带有种族偏见，认为只有头脑简单的非洲人才会向他们这样的外国人寻求此类帮助。这的确能解释部分受害人的行为，但更多的受害人之所以上当就是因为太轻信别人。

如果你觉得这些骗子只骗没脑子的大傻瓜，那可就大错特错了。这些骗子越来越敢于冒险，他们的手法也越来越老道。比如，他们在"钓鱼"领域十分活跃，这些人会冒充银行给受害人发送带有木马程序的电子邮件，然后获取后者的账户信息和密码。他们还积极投身于国际信用卡诈骗活动，而且行事非常谨慎。当他们使用被害人信用卡信息消费时，单笔金额往往在 1 000 英镑以下，这样就不会引起当局的注意。

上述诈骗团伙的组织结构松散，呈"扁平化"，没有严格的层级。为了实施某项诈骗，一群骗子可以聚到一起，接受某人的领导。完事后，这个团队随即解散，其成员参与或组成其他团队继续行骗。不过，有线人说，一些"老大"招募懂电脑、会英语的年轻人，这些"小弟"要在团伙中锻炼很多年才能单飞，独当一面。尼日利亚腐败盛行，哪些经济活动是合法的，哪些又是非法的的确很难分清楚。许多警察和政府官员觉得收受贿赂是天经地义的。在这样一个运转极为低效的社会里，很多人觉得为了生存而行骗是理所当然的。腐败让尼日利亚成了骗子的庇护所，成了他们享受诈骗所得的天堂。

据说，从尼日利亚寄送到英国的包裹装的都是伪造文件，身处英国的尼日利亚骗子购买这些文件实施自己计划好的各种诈骗活动。这说明此类欺诈已经形成了一条产业链：每天，成千上万的伪造身份证、支票、公文被制造出来，以支持数量巨大的诈骗活动。英国海关人员说，从英国寄往尼日利亚的包裹装的是用被窃信息或非法所得购买的产品。这些团伙成员分工明确，身处不同国家的几个人分别负责诈骗活动的各个环节，如撰写信件、伪造公文、安排行程和召开会议。骗子会努力把受害人骗到尼日利亚，这样即便他们有所察觉，也只能任人摆布。

在拥有1.62亿人口的尼日利亚，十分盛行的诈骗已经成了一种社会现象。有关行骗者人格的分析对理解这种现象已经帮助不大。有报道说，骗子们觉得，受害人是因为自己贪婪才上会当受骗的，因此不能怪他们；还有人认为，受害人的祖先是残酷剥削非洲的帝国主义者，让他们的后代偿还奴隶贸易欠下的债无可厚非。总之，他们总能为自己的行为找到正当的理由。此类想法在此类发展中国家非常普遍。

尼日利亚骗子之所以与众不同是因为他们迅速且创造性地适应了金融全球化。他们足智多谋，四处行骗，建立了全球诈骗网络，而且还积极运作诈骗所得。据说，他们将数额较小的诈骗所得（每笔419诈骗的涉案金额一般只有几千英镑）聚拢起来做大生意，如贩毒，尼日利亚人在这个行当也很活跃。他们愿意尝试新型诈骗，有些人立志打入高端金融服务业。我想说，这些人获得成功毫不奇怪。大家要小心了，在未来的高风险投资领域，如大宗商品交易、衍生品交易和点差交易中，你或许都能看到尼日利亚骗子的身影。

评估受托方人格的可行性问题

在 使用人格类型分析甄别犯罪分子方面，执法部门的确获得了一些成功。但问题是，普通投资者很难对管理其资产的受托方进行人格评估。亿万富翁巴菲特对所投资公司高管的品格非常看重。作为排在世界前列的大富豪，巴菲特有能力对需要评估的对象进行仔细评估。

　　大多数人只能根据间接证据，如投资项目的可行性和一致性进行判断，防止自己被骗。但很多人却没有仔细验证与投资项目有关的各种事实。可行性是一个非常重要的因素，谁愿意投资根本不可行的项目呢？但是，正如我们已经看到的那样，具有特定人格特征的骗子特别善于编造看似可行的投资项目，以骗取钱财。

　　如果你碰到一个富有魅力、睿智聪慧且容易赢得他人信任的人，他可能真的是一颗金融明星，但也可能是一个利用注定要败露的骗局坑害投资者的精神变态者。日常活动理论强调了一个显而易见的要点：监管不力的情境容易滋生欺诈。有这么一条经验法则：在牛市中，监管容易放松。当市场前景一片大好，人人都在赚大钱的时候，诈骗案的发生率就会显著上升。而且，在牛市中，金融中介也会放松各种标准。

　　20世纪90年代，网络公司泡沫尚未破灭。一次，我去香港，和美国一家大型投行的股票分析师聊了一天，他极为乐观地描绘着一些网络公司的美好前程。但短短几个月中，他提到的一些公司却陆续倒闭。那个分析师将其结论建立在这些公司能够飞速增长的假设上，就连小孩都能看出这些假设有问题，但他却说得头头是道，丝毫不觉得尴尬。显然，他觉得这些荒唐的故事是值得相信的。这是否意味着此人是个骗子呢？很可能不是。作为投行销售端（金融机构中负责向公众销售投资产品或提供咨询服务的部门）的股票分析师，他或许只是照章办事，为这些公司的股票说好话。这么说来，是投行在行骗？也不尽然。对股票做出乐观评估未必是在行骗。当然，网络公司泡沫破灭后，人们的确发现了一些分析师有不当行为。

如果每个人都觉得某行业的前景十分美好，那么对某个机构来说，和众人唱反调不见得是明智之举。保持冷静客观是投资者的事！因此，我们不应该认为机构给出的意见一定是公正的，不应该觉得机构有责任告发潜在的诈骗行为。正如我们在前面看到的那样，一些机构仔细调查了麦道夫的投资业务，认为他有问题，但他们只是安静地走开了，而不是去告发他。

全球化和互联网的发展让发展中国家的大量民众有机会接触到西方世界，金融界将此视为商机，但全球化也带来了风险。来自发展中国家的欺诈风暴或许很快就要爆发。除了我们先前提到的尼日利亚诈骗团伙外，来自印度呼叫中心城市，如班加罗尔的诈骗团伙也在飞速发展。他们打电话给欧美的普通百姓，自称是某知名软件公司的职员。受害人被告知电脑中毒了，然后在对方的引导下下载所谓的"修补"程序，而这些程序才是真正的病毒。一旦受害人中招，骗子就会索要钱财。对金融诈骗犯来说，印度可是个好地方，那里的廉价劳动力既熟悉互联网，又能说英语，而且受害人所在国的执法当局也拿他们没有办法。这么好的赚钱机会怎么能错过呢？所以大家一定要小心！

第 5 章
抵挡不住诱惑：
艾伦·斯坦福的故事

欺诈案例：

1. 艾伦·斯坦福

试水离岸银行业务，大笔挪用银行存款，因监管不利，多年逍遥法外。

美国证监会号称全球最的金融监管者，但它在斯坦福案、麦道夫等案中表现出的无能让我们清醒地意识到，在监管机构改革之前，投资者千万不能认为证监会具有保护他们的能力。

离岸辖区

是的，我不得不说，做个亿万富翁的确很有趣……

艾伦·斯坦福

英 国政客会时不时跳出来，指责商人利用离岸辖区合法避税，并认为这种做法极为邪恶。这种指责有些偏颇。并非所有离岸辖区都腐败丛生：比如泽西岛（Jersey）、新加坡和百慕大群岛就运行顺畅，监管严格。合法离岸业务的数量极为庞大，据估计，约有8％总计7万亿美元的受托资产是离岸的。约有70万家企业在英属维尔京群岛（British Virgin Islands）注册。数千家对冲基金在开曼群岛注册。世界各大银行和企业几乎都有离岸业务。一些境内政客矫情地对国内民众说，位于世界边缘的离岸金融世界是犯罪分子从事非法活动的天堂，这种说法非常荒唐可笑。实际上，离岸运营是国际商务和金融的一部分。

只要世界各国在经济领域互相竞争，只要各国的监管系统存在冲突，那么我们就有很多理由将部分业务转移到监管较松的离岸辖区，进行"监管套利"，就像世界船运行业的正常运营离不开"方便旗"一样。

然而，离岸金融的确有灰色地带。与许多政党有关的大人物会充分利用离岸机构提供的各种便利。一位离岸税务律师曾对我说："只要政客和商人还需要在境外寻找能够安心存放资金的地方，离岸金融中心就会一直存在下去。"但这些地方不只是用来存放资金的。只要世界各国在经济领域互相竞争，只要各国的监管系统存在冲突，那么我们就有很多理由将部分业务转移到监管较松的离岸辖区，进行"监管套利"，就像世界船运行业的正常运营离不开"方便旗"一样。（巴拿马和利比里亚等国允许外国商船在其境内注册，以便相关船运公司减少人力成本和监管负担）。然而，方便旗和离岸金融的确为犯罪和欺诈活动提供了便利。过去 30 年飞速的全球化进程已经受阻，宽松的监管环境也不复存在，世界各地贸易保护主义抬头，监管力度不断加大，为了躲避境内法规的严格监管，人们更愿意利用离岸辖区提供的各种便利，当然，相关的非法活动也会随之增多。

本书提到的许多骗子就利用离岸辖区进行非法活动，麦道夫利用相关便利在欧洲开展业务，丹尼斯·莱文利用离岸银行账号进行内幕交易，疯狂艾迪（Crazy Eddie）将非法所得秘密转移到境外。在这一章，我们将详细介绍艾伦·斯坦福在加勒比地区的各种操作，看看他如何利用离岸辖区进行诈骗。

我们首先要明白一点：任何国家的监管部门若想从境外辖区，特别是保密法律非常严格的离岸辖区获得有关诈骗分子的信息，并在境外起诉他们是极为困难的。在实践中，大多数监管机构没有足够的影响力解决上述问题，不过在历史上，美国证监会和其他机构的确有向国外相关机构施压成功的案例（比如在 20 世纪 80 年代，美国证监会说服巴哈马群岛的列岛银行供出内幕交易所涉银行账户的主人是丹尼斯·莱文）。我们很快就会了解斯坦福的故事，大家会发现，向国外机构施压和提起诉讼是一件非常耗时的事情，因此诈骗分子完全有时间采取规避行动。

好老弟

欧洲人一听到有新银行成立就会皱起眉头。除非是在拿破仑战争时期，欧洲人对新建立的银行总是心存疑虑。但那些历史悠久的老银行只不过是保留着传统的门面罢了，人们也只是活在自己的幻觉中。过去几十年里，全球金融监管大幅放松，这使得金融业的兼并收购活动数量激增，而且跨行业经营也使传统银行跨入全新业务领域。人们印象中古板而又保守的传统银行在现实中其实已经很少见了。

在大洋彼岸，美国人倒不觉得新事物有什么不好。艾伦·斯坦福和他的管理团队将自己装扮成南方乡下的好老弟（尤指美国南方朴实敦厚的白人农民），让客户觉得他们是敬畏上帝、踏实肯干、诚实可信，而且能让客户享受顶级金融服务的南方佬。这一形象非常适合该集团美国和拉美主要客户群的口味。

《福布斯》杂志评出的 2008 年度"美国富人 400 强"中就有斯坦福，他是个具有草根背景的亿万富翁。《福布斯》杂志一篇文章写道：

> 身高 1.93 米的斯坦福只要兴奋起来，眼珠子就会凸出。他出生于东得克萨斯的梅西亚（Mexia）。因为家里的房子被一把大火烧了，他 13 岁就外出砍木头赚钱，帮家里维持生计。后来，他在得州的米贝勒大学（Baylor University）学习金融，并在那里遇到了以后的战友兼 CFO 詹姆斯·戴维斯。

> 毕业后，斯坦福开设了健身俱乐部，但公司不幸倒闭。于是，他加入了家族企业，其主营业务为地产和保险。20 世纪 80 年代，斯坦福的事业迎来了转机。休斯顿房市崩盘，斯坦福和父亲尽其所能收购廉价地产。在随后的 10 年里，房市逐步回暖，他们将手中的地产陆续抛出，赚了几亿美元。

我们要讲述的斯坦福的故事才刚刚开始。斯坦福用赚来的钱创办了一家财富管理公司，吸引来自墨西哥、委内瑞拉、厄瓜多尔以及美国本土的客户。"斯坦福公司的投资策略十分稳健，"《福布斯》杂志写道，"他们根据市场环境设定投资内部回报率……他们审慎使用杠杆，并且对资产进行跨国、跨货币的多样化处置。"2000 年，网络公司泡沫破灭，据说斯坦福此后依然能够获得 10％以上的年回报率。斯坦福抱怨说，在加勒比地区，他这么一个"富有的天才"很容易成为政府审查的重点对象。有人说他谎称自己与斯坦福大学创始人家族有关系，有人说他和安提瓜首相结怨很深。对于这些传言，他都——予以澄清。2006 年，斯坦福被授予骑士爵位。2008 年，他准备向板球运动注入大笔资金，他认为"这是为公司赢得良好国际形象的好机会。"

2008 年的艾伦·斯坦福符合一个大亨的典型特征，他虽然有点自大，但还没到令人担心的地步。实际上，由于避开了次贷危机引发的混乱和相关的各种丑闻，斯坦福原本可以用那些和政客进行肮脏交易且贪得无厌的投资银行家来反衬自己。在数年前的一个仲裁案中，投资销售员查尔斯·黑兹利特曾经质疑斯坦福集团，但该案没有被广泛报道。2008 年初，该公司的两个财务顾问马克·泰德维尔（D. Mark Tidwell）和查尔斯·罗尔（Charles W. Rawl）在某案件的庭审过程中指称斯坦福集团涉嫌不道德行为。实际上，还有一些对该公司感到不满的员工也向美国金融业监管局（Financial Industry Regulatory Authority，FINRA）进行举报，但普通投资者并不知情，即便是知道了，他们也很可能会不以为然，毕竟，大公司总是会遭到不满员工的投诉。

不过，斯坦福集团为何要不遗余力地推销他们的大额存单呢？普通投资者为何要花大价钱购买一家离岸银行发行的存单呢？这些问题可以从几个方面进行回答。首先，虽然大额存单在欧洲不太出名，但在美国，这是一种很流行的储蓄方法。你从传统银行购买存期固定、利率固定的存单。大多数情况下，证券投资者保护公司（Securities Investor Protection Corporation，SIPC）或联邦存款保险公

司 （Federal Deposit Insurance Corporation，FDIC）会为你的投资提供保险。所以，存单被广泛视为提供低利率的、安全的，甚至是无聊的存款方式。

虽然斯坦福的存单似乎不受 SIPC 或 FDIC 保护，但它有一个十分诱人的特点：你可以随时兑现，且不会被罚。而且，其利率明显高于同类产品。对一些人来说，这是一个危险信号，但对其他人来说，这点很诱人。后来，负责清盘斯坦福集团的财产管理人说，许多投资者相信，他们交给斯坦福集团的钱会被存入个人账户。但存单没有这个特点，存单其实是银行欠投资者的债务，相关资金并不会以个人名义存入独立账户。

斯坦·考夫曼 （Stan Kauffman） 是斯坦福集团的一个客户，他说，该公司销售代表向他保证存款是安全的，并声称伦敦劳埃德保险公司 （Lloyd's of London） 将为存款提供保险。这位代表还说，在斯坦福集团的主要市场，其活动都受到严格监管。虽然斯坦福银行在安提瓜，但斯坦福金融集团的总部在休斯顿。考夫曼拿到的销售宣传资料获得了美国金融业监管局的批准，公司的销售代表也在美国证监会注册，有资质向私人客户推荐最适合其需要的投资产品。斯坦福集团在美国有分支机构，它的许多高管是美国公民，许多有头有脸的人物，如前国务卿助理在其顾问委员会任职。这些事实都让考夫曼相信，这是一家合法的公司，而且其业务受到严格监管。

对于就要退休的"爷爷奶奶"级投资者来说，斯坦福存单看似是一种安全、保守且能提供较高回报的投资工具。斯坦福的储户并不都是人到中年的美国中产阶级。我们先前已经提到，斯坦福从一开始就把拉丁美洲的客户纳入了目标客户群。拉美投资者在国内处境不太好，拉美国家货币的币值波动很大，政府随意收税，政权更迭频繁。比如，在查韦斯统治委内瑞拉时期，政府出台了许多政策剥夺富人的财产，所以很多拉美投资者都把部分财产转移到了海外。因此，斯坦福这个加勒比离岸金融集团看起来是个不错的选择。

离岸银行所能吸引的客户还包括这么一些人：避税者、逃税者，正在闹离婚、希望能保住财产的富人，还有臭名昭著的毒贩和洗钱犯罪分子。当然，许多离岸避税天堂都有这个问题，没有证据表明，斯坦福有意向毒贩和其他罪犯提供金融服务。

我们确知的是，斯坦福的客户受到了高规格接待。如果你开车去银行，那么可以在停车场找到标有自己名字的停车位。下车后，你将在陪同人员的引导下，穿过用大理石装饰、摆放着红木家具的气派大厅，来到一间特别的放映室。在那里，你将观赏一部有关斯坦福家族悠久诚信历史的宣传片。你将看到，艾伦·斯坦福的祖父早在 20 世纪 30 年代就开办了保险公司，他一直教育儿孙要以诚待人。看完电影后，你将在私人餐厅里享用豪华大餐。大客户还能乘坐公务机飞去安提瓜参观，在风景优美的琼比湾（Jumby Bay）会见伟大的艾伦·斯坦福，并亲身感受他的正直，听他描绘美好的投资前景。

让我们回到 20 世纪 80 年代，在休斯顿地产行业攫取第一桶金后，兴奋不已的艾伦·斯坦福在加勒比蒙特塞拉特岛（Montserrat）设立了守护者国际银行（Guardian International Bank），并以此作为其财富管理业务的一部分。他请大学室友詹姆斯·戴维斯担任行长。据戴维斯说，没过多久，斯坦福就让他做假账，制造该行营收状况不错的假象，以欺骗监管机构。这家银行的主要运营模式其实和斯坦福集团后来的核心业务没什么两样，那就是向投资者销售高利率大额存单。从那时起，艾伦·斯坦福便开始从银行抽取部分存款以资助他自己的地产交易，他显然希望等赚钱以后将挪用的存款还给银行。

精心设计的销售激励计划

1990 年，英国监管机构取缔了蒙特塞拉特岛的离岸银行业务（该岛还是英国海外领土）。这促使斯坦福将银行迁至安提瓜，并将其更名为斯坦福国际银行。蒙特塞拉特岛政府曾通知斯坦福准备吊销其牌照。斯坦福不得不快速行动，在蒙特塞拉特政府动手前，交回该国颁发的银行牌照，并向公众宣称，银行之所以迁址是因为雨果飓风（Hurricane Hugo）造成的灾难太严重了。

同年晚些时候，戴维斯发现，银行的真实资产其实不及报告数量的一半。原来斯坦福挪用了大量的银行存款，并用这些钱投资了许多项目。这些项目大部分属于斯坦福，且位于加勒比地区，而且基本上都在亏钱。为了让这些项目继续下去，斯坦福需要大幅扩大银行的存单业务。他亲自负责营销工作，每天都和经理们查看销售业绩，并精心设计销售激励计划。

20 世纪 90 年代初，斯坦福伪造保险合同，让销售人员和客户相信存款是安全的。有一次，詹姆斯·戴维斯受命飞赴伦敦，在那里向一个潜在储户传真伪造的确认函，骗他相信相关的保险公司的确存在（其实并不存在）。有时候，斯坦福会亲自编造财报，或逼迫戴维斯和其他会计师这么做。

1995 年，斯坦福在美国创立了斯坦福集团公司，开始向美国民众出售存单。其主要分部位于休斯顿和迈阿密，他们在美国其他一些地方，特别是南部城市，大量开设了小型分支机构。随着业务的不断增长，假账的编制也变得越来越精细。打算开设教会的戴维斯在密西西比伯德温（Baldwyn）的一次浸信会聚会上碰到了年轻的劳拉·潘德杰斯特（Laura Pendergest），现名潘德杰斯特-霍尔特

(Pendergest-Holt)，并拉她入伙。潘德杰斯特担任首席投资官一职，负责管理密西西比的一个分析团队（团队成员包括她本人、戴维斯的亲属以及教会教友，他们基本上没有什么金融从业经验）。虽说该团队的职责是管理银行的全部资产，但实际上，只有约15％的资产在其管辖范围内。上层叮嘱他们不要将这一信息告诉任何人，就连为公司工作的理财顾问也不能说。觉得公司有问题的员工只有两个选择，要么闭嘴，要么卷铺盖走人。斯坦福、戴维斯和其他少数高管组成的核心层努力给客户、员工和监管者制造这样一个假象：密西西比团队正在审慎而专业地管理银行的投资基金。但实际上，银行的大部分资金流向了斯坦福自己的投资项目。

　　有人或许会认为客户和员工比较好骗，客户依靠监管机构的保护，而员工包括收入颇丰的"理财顾问"（实为存单销售员）也没有动力提出许多问题。我们已经看到，斯坦福资深投资销售员查尔斯·黑兹利特觉得客户提出的合理问题没有得到公司的满意答复，没过多久，他就不得不离开公司。美国、安提瓜的外部会计师和政府监管部门又做了些什么呢？他们接受各种专业训练就是为了发现不轨行为，难道他们就不能早些发现问题吗？

　　或许他们可以做到，但上有政策，下有对策。斯坦福已经领教了驻扎在蒙特塞拉特的英国监管当局的厉害，所以在把银行转移到安提瓜后，他下决心再也不让当地监管机构找他的麻烦了。在银行迁至安提瓜之前，其外部审计师就已经是查尔斯沃斯·休利特（Charlesworth Hewlett），此人在安提瓜开设了一家小型会计师事务所。检方资料显示，蒙特塞拉特不断要求斯坦福聘请更大的事务所担任外部审计工作，但斯坦福就是不从，因为休利特愿意在伪造的财报上签字。当然，他得到的好处相当可观，每年的审计费据说有340万美元之巨。休利特于

2009 年去世。

斯坦福对安提瓜政府展开了魅力攻势，希望能够得到当局的许可，自由开展各项业务。他以 5 000 万美元价格收购了行将破产的安提瓜银行（Bank of Antigua），并借给政府 4 000 万美元，而且最终对这笔贷款进行了减免。没过多久，他就获得了银行牌照和永久居留权。安提瓜是一个美若天堂的小岛，当地的支柱产业是旅游业，不过当地居民并不富裕：1998 年的人均 GDP 只有 8 500 美元。斯坦福在岛上撒钱，希望能够赢得当地富人和穷人的欢心。他购买大片土地，开设餐厅，建设板球场，资助建造医院，还为首相莱斯特·柏德支付在美国看病产生的 4.8 万美元医疗费用。斯坦福向至少 10 位政府高官提供免息贷款，并捐赠巨额政治献金，后来，他还收购了当地的报纸《安提瓜太阳报》（Antigua Sun）。

20 世纪 90 年代，安提瓜准备试水离岸银行业务。俄罗斯黑手党利用当地银行开展非法活动，这让安提瓜政府感到十分头疼。斯坦福顺势介入，帮助政府制定《离岸信托法》，并于 1997 年成为安提瓜离岸金融行业规划委员会（Antiguan Offshore Financial Sector Planning Committee）主席。斯坦福以主席名义任命了一个负责清查当地银行业的专案组，该小组的每一个成员都是斯坦福的密友（小组内没有当地人）。新的监管机构国际金融行业管理局（International Financial Sector Authority，IFSA）随即成立，斯坦福也设法让自己成为该组织主席，其手法之老练堪比 17 世纪海盗亨利·摩根（Henry Morgan）。

IFSA 一开始很抵触斯坦福。安提瓜人奥尔西娅·克里克（Althea Crick）一直担任安提瓜首席银行监管官员至 2002 年，她一直拒绝接受斯坦福提供的贿赂和好处，如公务旅行的升舱服务。斯坦福曾下令 IFSA 封存竞争对手的业务记录，并准备复制这些记录，但却遭到了克里克的拒绝。斯坦福不得不派手下深夜闯入 IFSA 办公室，夺走相关记录。克里克说，一次，她当着斯坦福的面说自己不会受其影响，结果斯坦福一把抓住她的手，狠狠地盯着她说："你和我真的很像！"

克里克于 2002 年卸任，金融服务监管委员会（Financial Services Regulatory Commission，FSRC）成立后替代了 IFSA。斯坦福又设法在该组织内安插了自己的一些亲信，并与 2003 年上任的委员会主席勒罗伊·金（Leroy King）建立了良好的私人关系。勒罗伊·金出生于安提瓜，曾任安提瓜驻美国大使，并担任美洲银行纽约分行高管。戴维斯说，2003 年，斯坦福和罗伊·金结为兄弟。就这样，收受巨额贿赂的罗伊·金和 FSRC 的其他官员成了斯坦福的保护伞，让他免受当地和国外监管机构的查处。

罗伊·金对斯坦福一直很忠诚，不断将有关安提瓜监管机构和国外机构合作的消息透露给斯坦福，并帮他施放烟雾弹，阻挠相关调查的进行。比如，2005年，美国证监会请求 FSRC 提供有关斯坦福金融集团的信息，罗伊·金立即向斯坦福发出警报，让斯坦福集团自己编写回复文件，并将这份文件发给美国证监会。2006 年，斯坦福将部分业务转移至维尔京群岛的圣克罗伊岛（St. Croix），并开始减少在安提瓜的活动。

挽救金融帝国

进入 21 世纪后，销售的强力驱动使斯坦福集团飞速增长。到 2008 年底，其销售存单的总金额已高达 72 亿美元。2008 年，全球金融危机爆发，股市大跌。虽然斯坦福声称公司的投资不会受到牵连，但存单的销售开始下滑，与此同时，要求赎回的客户却在激增。那一年，斯坦福集团向客户返还了 20 亿美元。2008 年 10 月，斯坦福面临着严重的流动性问题。银行已经没钱支付给客户了，而斯坦福的私人投资又无法变现。这些投资项目每天要损失 100 万美元。

从企业经营的角度来看，这是一个一再发生的问题：金融市场的崩溃让一切都脱离了正常轨道，资产价值、营收和流动性同时蒸发，强有力的商业伙伴突然变成了敌手。斯坦福加勒比投资有限责任公司（Stanford Caribbean Investments LLC）的总裁是弗兰斯·凡格霍特（Frans Vingerhoedt），据说他是 20 世纪 80 年代第一个建议斯坦福在加勒比地区开设离岸银行的人。他于 2009 年初写信给斯坦福，警告他"必须优先考虑偿还某些国家、某些客户的存款"（很可能是拉美的权贵），因为他收到了写有其名字的真子弹。

斯坦福极力挽救自己的金融帝国。2008 年末，他声称向银行注入 7.41 亿美元自有资金。这笔注资与一系列交易有关。2008 年 6 月，斯坦福银行花了 6 350 万美元在安提瓜岛购买了一块地，斯坦福希望将其开发成旅游景点。整个计划是这样的，斯坦福国际银行将这块地转到斯坦福名下，斯坦福再通过一系列公司以 32 亿美元的价格将这块地皮卖给银行，并以此抵消斯坦福欠银行的 20 亿美元，并对银行进行注资。在后来的庭审过程中，美国政府认为这些交易是不折不扣的诈骗行为，但斯坦福矢口否认。这块地是从马来西亚倒爷陈家福（Tan Kay Hock）手中买来的，是圭亚那地区一个风景优美的小岛，面积达 13 平方千米。斯坦福游说多年，希望将此地建设成高档旅游景点。

奈杰尔·汉密尔顿-史密斯（Nigel Hamilton-Smith）是安提瓜政府委派的清算人之一，他评论说，这块地值多少钱取决于斯坦福能否拿到政府的开发许可证，"它或许值 5 000 万美元、2.5 亿美元，甚至是 10 亿美元。我真的不知道数目到底是多少"。所以，斯坦福似乎真的想用土地增值这个大手笔来避免银行倒闭。不过，他依旧挥金如土，有人说他和他的大家庭光是过圣诞节就花了 25 万美元。还有人说，2009 年 1 月，他在拉斯维加斯花了 51.5 万美元豪赌，购买珠宝，然后飞赴利比亚，试图获得卡扎菲的资金。

斯坦福一直辩驳说自己是无辜的，他是在为自己找借口呢？还是把自己也骗进去了？证监会坚持指控斯坦福实施庞氏诈骗，这是针对不懂金融的陪审团所做的简化处理吗？至少有一点是清楚的，斯坦福一直没有如实告知客户存款的投资途径。法庭也确认其公司违反了美国以及其他国家的一些规定，确认斯坦福及其同伙伪造银行账目。

不过，证监会是这样定义庞氏诈骗的："用新投资者的资金偿付老投资者的投资欺诈……在许多庞氏欺诈案中，骗子努力吸引新资金以偿付早期的投资者，并将所募集资金用于个人花销，而不是用其进行合法的投资活动。"所以，斯坦福及其律师阿里·法泽勒（Fazel）坚称，存款资金的确被用于合法投资活动：斯坦福通过其公司网络在拉丁美洲，如秘鲁、委内瑞拉、厄瓜多尔和巴拿马开设银行，并将大笔资金投入地产项目，特别是斯坦福控制的加勒比地产项目，当然他并没有披露这些交易。

如果这些地产项目开发顺利的话，斯坦福或许真的能够偿还从银行挪用的大笔资金（近 20 亿美元）。他如果真的是这么想的，那么多少还值得一点同情。当然，斯坦福银行存单的购买者可不会因此而感到高兴。斯坦福也不能以此为借口为自己欺骗客户的行为开脱。不过，这些信息至少能帮助我们理解为何斯坦福会对未来如此乐观：斯坦福集团将变得越来越强大，加勒比地产项目将源源不断地产出巨额收益。在一定程度上，一些顶级地产大亨的确就是这么干的，特别是在热带天堂，如果你能对当地政府施加一定的影响，那么就能获得重大地产项目的开发权，并大赚一笔。

斯坦福曾说自己"骨子里是一个开发商，而不是银行家"。从上述角度来看，他或许真是这么想的。他或许更像是一个爱冒险、不守规矩又自恋的企业家，而不是故意实施诈骗的罪犯。斯坦福觉得监管机构对他发起的调查和诉讼毁掉了他的名誉，进而毁掉了这些原本很有投资价值的地产项目。他说的或许有一定的道理。

别以为证监会有能力保护投资者

斯坦福的故事已经说明，在离岸辖区，就算你能影响当地政府，也无法得到永远的庇护，特别是当你还需要在境内开展业务的时候。不过，美国证监会之所以在 8 年的时间里没有对斯坦福下手，在很大程度上也是因为他的银行在境外注册。1997 年、1998 年、2002 年和 2004 年，证监会沃斯堡（Fort Worth）地区办公室的调查人员对斯坦福的活动分别进行了 4 次独立审查，而且每次都怀疑他通过销售存单实施庞氏诈骗。但当他们要求执法部门正式立案调查时，却都遭到了拒绝（1998 年那次除外，调查小组的确成立了，但在 3 个月后便被解散）。后来，证监会对上述不作为进行了自查，结果发现，沃斯堡地区办公室高层之所以对相关调查并不上心，是因为总部对他们施加了办案压力，要求他们多办几个能够成功起诉的案子。而在他们看来，斯坦福的案子实在是太难查了。所以，离岸银行难以取证的确成了斯坦福逍遥法外多年的一大原因。

值得一提的是，调查发现，于 1998 年—2005 年间担任沃斯堡地区办公室执法部门负责人的斯宾塞·巴拉施（Spencer Barasch）"多次阻挠对于斯坦福的调查，而且在卸任后多次以斯坦福集团法律代表的身份开展活动"。2006 年，巴拉施的确在斯坦福集团干了一阵子，直到证监会警告他这么做不妥。2012 年，证监会因为类似理由对巴拉施罚款，并对他开出了一年执业禁令，禁止他以律师身份代理任何证监会起诉的案件。上述情况能够折射出证监会近年来的氛围和文化。政府监管机构政府监督项目组织（Project On Government Oversight）报告说，自 2006 年以来，共有 219 名前证监会官员为曾经的审查调查对象提供帮助。

对于依靠监管机构保护的投资者来说，上述情况无论如何都没法让人放心。更让人感到不安的是，虽然证监会的一些调查人员多年来一次又一次地发现斯坦福可能有问题（其存单的利率和销售提成都太高了），但却始终无法说服其上司进一步采取行动。证监会仅仅在 2005 年展开了像模像样的正式调查，那时候斯宾塞·巴拉施刚刚离任。即便如此，也没有人对斯坦福的投资进行尽职调查。不然的话，斯坦福的骗局早就败露了，证监会早就应该禁止斯坦福金融集团（斯坦福的美国境内销售机构）销售由斯坦福安提瓜银行发行的存单。

斯坦福的骗局之所以能够持续那么久，并不是因为其公司在海外注册，而是因为证监会地区办公室急于求成，想多办成几个案子了，不想碰斯坦福这样难查的案子。美国证监会号称是全球最强大的金融监管者，但它在斯坦福案、麦道夫等案中表现出的无能让我们清醒地意识到，该机构亟待改革。在变革发生前，投资者千万不能认为证监会具有保护他们的能力。

第 6 章
管理巫术：
创造账面利润的金融骗术

欺诈案例：

1. **奥林巴斯公司**

   以一系列违规行为，好以虚高的价格收购企业以及支付高额佣金等，掩盖该公司以往的巨额亏损。

2. **勃利·派克国际集团**

   编制虚假财报，欺骗投资者。

在牛市里圈钱会容易很多，因为追逐各种高收益的资金实在是太多了，选择标准会随之降低，投资者变得不那么挑剔了。热钱急切地寻找安身之所，因此也就顾不得"尽职调查"了。结果，大量资金流入了骗子的腰包。

快速致富之道

在面对不公时，无罪者无畏。

勃利·派克国际集团（Polly Peck）CEO，阿西尔·纳迪尔（Asil Nadir）

在某些人看来，发行股票，上市圈钱是一条快速致富的道路。但在大多数情况下，公司上市要付出高昂代价，因为上市公司负责人身上的担子很重，这是理所当然的。不过，在牛市里圈钱会容易很多，因为追逐各种高收益回报的资金实在是太多了，选择标准会随之降低，投资者变得不那么挑剔了。热钱急切地寻找安身之所，因此也就顾不得"尽职调查"了。结果，大量资金流入了骗子的腰包。

如果你已经控制了一家股价飞涨的公司，那么还有另外一条发家致富的道路可走，那就是兼并和收购。经济繁荣时期，许多公司希望通过迅速购买其他公司来实现快速增长。表现亮丽的公司很容易筹措到用于收购的资金，因为其股价被高估了。兼并收购的确为一些公司赢得了长期发展优势，但很多时候，它给相关公司带来的只是在下次股灾中破产的结果。还有大量兼并收购其实就是欺诈。

我们将在本章探讨两个大案，那就是奥林巴斯案和勃利·派克国际集团案。媒体对它们多有报道，而且这两起案件的时间跨度也很长。

奥林巴斯丑闻

奥林巴斯集团是日本知名的摄影和光学设备制造商。2011 年下半年，迈克尔·伍德福德（Michael Woodford）成了该公司的首位非日裔 CEO，他是一个脚踏实地的英国商人，虽然在奥林巴斯干了很多年，但却不会说日语。日本的 *FACTA* 杂志报道说，竞聘奥林巴斯 CEO 一职的候选人共有 25 个，其中包括该公司负责医疗器械事业部的副总，迈克尔·伍德福德以前并没有在该公司担任过要职，也不是热门人选，但最终却成了奥林巴斯的新掌门人。

伍德福德于当年 4 月被任命为奥林巴斯总裁和首席运营官。有人将一篇有关奥林巴斯严重违规行为的 *FACTA* 报道翻译成英文，送给他看。这篇文章反映的问题有以下几个。

2006 年—2008 年间，奥林巴斯以 9 106 亿美元的价格陆续收购了 3 家公司。这些公司的年营业额没有一家超过 260 万美元。而且收购这些公司的成本未经解释就核销了。

2008 年，奥林巴斯据说以虚高的价格收购了英国杰勒斯医疗器械公司（Gyrus）。

奥林巴斯的大多数收购案（其中有许多并不成功）都是由全球公司（Global Company）处理的，据说该公司与奥林巴斯的关系十分紧密。

奥林巴斯 2010 财务年度的汇兑损失高达 13 亿美元。

伍德福德想搞清楚这篇文章涉及的问题是否属实，但却遭到了公司主席菊川刚（Tsuyoshi Kikukawa）、执行副总裁森久志（Hisashi Mori）等人的阻挠。2011 年 9 月底，*FACTA* 杂志 10 月刊出版了，这期杂志披露了奥林巴斯更为严重的违规行为。伍德福德要求被任命为 CEO，他以为这样就能获得足够的权力以开展内部调查。虽然公司同意这一请求，但在 9 月 30 日举行的董事会会议上，其他董事会成员表现得并不合作。

飞赴伦敦后，伍德福德下令奥林巴斯的主要外部审计单位普华永道对其展开相关调查。普华永道很快就写出了报告，结果发现一系列失败的收购和投资让奥林巴斯的"股东价值"损失了 12.87 亿美元。伍德福德将这份报告寄给菊川刚和森久志，并要求他们辞职。3 天后，伍德福德被解职，菊川刚担任公司总裁和 CEO。伍德福德随即向英国欺诈重案办公室（Serious Fraud Office）进行了举报。

奥林巴斯的骗局终于败露了。没过多久，菊川刚就被迫辞职，还被警方拘捕，目前正因为伪造账目而接受审判。虽然菊川刚认了罪，但奥林巴斯到底发生了什么呢？事情的真相还没有水落石出，我们只能说个大概。

让我们回到 20 世纪 80 年代，当时的日本经济蒸蒸日上，美国和其他主要经济体签订了《广场协议》（Plaza Accord），让美元对日元和德国马克贬值。这让奥林巴斯产品在美国这个重要市场上的价格显著上升，并使其收入自 1985 年后大幅缩水。内部报告显示，奥林巴斯随后开展了"激进的金融资产管理"。但日本的经济泡沫于 1990 年破灭，奥林巴斯损失惨重，当年就需要掩盖 1 000 亿日元（近 7.3 亿美元）的亏损。"金融工具"导致的损失（报告并未详细说明金融工具的具体内容）持续增加，公司不遗余力地掩盖或推迟确认损失。他们之所以实施拖延战术是为了等待其他高风险投资扭转乾坤。

自从经济泡沫破灭后，日本这个曾经让西方低效经济体恐惧的"大公司"便陷入了停滞。人们常说日本企业很特别，外国人很难深入探究日本公司的内部运作机制。漫长的庭审过程能否揭露奥林巴斯案的真相依然是个谜。大家目前能够达成的共识是：奥林巴斯的一系列违规行为，如以虚高的价格收购企业以及支付高额佣金等，都是为了掩盖该公司 20 世纪 80 年代产生的巨额亏损。还有人说，奥林巴斯多年来一直向日本黑社会山口组提供巨额资金。

奥林巴斯并不是远东一家不起眼的小公司。该公司创建于 1919 年，其产品以高质量著称，其品牌也具有全球影响力。作为全球领先的数码相机制造商，奥林巴斯掌握着全球 70％价值高达 25 亿美元的胃肠镜市场。该公司有将近 30％的股份为外国投资者所有，在西方国家也设有很多个分支机构。所以，奥林巴斯丑闻吸引了英美监管机构的注意力，这些机构包括美国证监会、联邦调查局和英国欺诈重案办公室。

从许多方面来说，日本是一个"西方"发达经济体。所以，对日本来说，一个外国 CEO 爆出一家日本大企业的丑闻实在是让人难堪。不过，日本当局进行相关改革的前景还不明朗。2012 年，一项有关要求所有上市公司至少拥有一位外部董事的动议未获通过。奥林巴斯倒是有几个外部董事，但他们在揭露公司不端行为方面没有起到任何积极作用。所以，上述法案就算通过了也没用。亚洲公司治理协会（Asian Corporate Governance Association）秘书长艾哲明（Jamie Allen）说："多年以来，我们一直说日本的公司治理有很多问题，奥林巴斯的确是个典型代表，但它绝不是个案。"日本经济团体联合会（Japan Business Federation）是一个很有影响力的组织，其企业成员多达 1 600 家，可以说这个组织代表了日本的大型企业。但该组织却极力反对任何改革。日本民主党于 2009 年上台执政，并允诺对公司治理进行改革，但到目前为止，我们依然看不到任何进展（也许是受到了 2001 年地震海啸等危机的影响）。

对投资者来说，日本公司治理现状堪忧并不是什么新闻。我们通常用日本文化来解释这一现象。日本人害怕"丢脸"，所以一旦出现问题，他们不会声张，而是悄悄地解决问题（正如我们在奥林巴斯一案中看到的那样）。而且在面对外来批评时，日本人往往采取一致对外的态度。具有上述特征的日本人被称为"保守派"，但我们不知道日本到底有没有能够和"保守派"真刀真枪干一仗的"改革派"。

有鉴于此，虽然索尼公司于 2012 年和奥林巴斯达成协议，高调购买后者近 11.5％的股份，但投资者轻松不起来。已经连续亏损 4 年的索尼也是日本"保守派"的一部分。索尼注入的 6.45 亿美元的确能够解决奥林巴斯眼下的问题，而且这项交易也能为双方提供一定的纵向整合优势，比如索尼为奥林巴斯的肠胃镜生产成像元件，但上述理由不足以说明这项投资是必要的。外国投资者很担心，如果索尼购买奥林巴斯增发的新股，那么其股东价值就会被稀释。批评者认为，这次交易象征着"旧日本保守派"的自救，并预言当局不会采取任何旨在阻止此类丑闻再次发生的举措。别忘了，奥林巴斯隐瞒巨额亏损的勾当干了整整 20 年。

勃利·派克的崛起

勃利·派克（Polly Peck）原本是一家小型制衣公司，后来迅速成长为国际企业集团，并成为富时 100 指数（《金融时报》编制的英国百强上市公司指数）成份股。不过这颗耀眼的明星却在 1990 年陨落，勃利·派克的发家和覆灭让投资者明白一个道理：即便是投资于行为不轨的公司，也是有可能获得丰厚回报的。如果在 20 世纪 80 年代初购入该公司的股票，并在其崩溃前将股票售出，那么你将获得 10 倍以上的回报。对投资者来说，在不到 10 年的时间里获得这样的回报是个不错的成绩。这就是"博傻"投资方法之所以可行的理由：只要有更大的傻瓜以更高的价格从你手中接过筹码，那么投资标的到底是什么并不重要。

1980 年的时候，已经在伦敦证交所上市数年的勃利·派克依旧是一家默默无闻的小公司。但就在这一年，一个充满活力的土耳其裔塞浦路斯人以 27 万英镑的价格购买了勃利·派克 58% 的股份，他便是阿西尔·纳迪尔（Asil Nadir）。从此以后，一切都变了。纳迪尔于同年 7 月成了勃利·派克的 CEO，随后该公司便迅速增发股份，并成功募集了 150 万英镑。这些资金推动勃利·派克走上了迅速增长的通道。

纳迪尔把目光投向了北塞浦路斯。20 世纪 70 年代，在土耳其政府的帮助下，塞浦路斯的土族势力发起了独立运动，并在该岛北部成立了所谓的塞浦路斯土族邦。国际社会并不承认其主权，而且对其实施贸易禁运。经济发展成了北塞政府的头等要务。纳迪尔认为当地柑橘种植业和旅游业很有发展前景。希腊裔塞浦路斯人在撤离北部地区时留下了许多办公楼、待开发的土地和大片柑橘种植园。据说，纳迪尔在接手勃利·派克后的数年内，以十分低廉的价格从北塞浦路斯政府手中获得了上述资源，因为后者急于让这些被遗弃的资产重新投入生产。

在公众眼里，纳迪尔是一个在伦敦获得成功，并毅然回到家乡发展实业的爱国者。大家很难相信他是一个骗子。纳迪尔在塞浦路斯成立了 3 家公司：Uni-Pac 包装公司、SunZest 贸易公司和塞浦路斯航行者旅游公司（Voyager Kibris）。Uni-Pac 为当地的柑橘出口贸易提供纸板箱。SunZest 负责柑橘的种植和出口。塞浦路斯航行者旅游公司则在土耳其本土购买了一家喜来登酒店，并着手在北塞浦路斯建造酒店。

1982 年，纳迪尔购得另一家小型英国上市公司康奈尔制衣公司（Cornell Dresses）的控制权，并通过该公司增股，所募集资金被用于在土耳其设立一家名为尼克萨尔（Niksar）的矿泉水公司。1984 年，纳迪尔与英国公司索恩 EMI（Thorn-EMI）成立合资公司伟视达（Vestel），生产电视机和其他家电设备。虽然依旧在纳迪尔的控制之下，伟视达已经成了勃利·派克集团的主要利润中心之一，而且尼克萨尔和伟视达也成长为颇具影响力的国际品牌。勃利·派克集团的业务看起来虽然有些杂乱，但这些业务的针对性很强，非常贴合土耳其和北塞浦路斯的需求。比如，彩色电视机 1984 年才进入土耳其，当地对于低价电视机的需求十分强烈。

一切都取决于伦敦金融界的信心。纳迪尔的历史记录不错，他于 20 世纪 70 年代在东伦敦创建了自己的小型上市公司 Wearwell，并在廉价劳动力资源丰富的北塞浦路斯开设了制衣厂。纳迪尔很有个人魅力。更重要的是，他所处的时代背景非常合适：在撒切尔夫人执政时期，英国商界对未来非常乐观，因为英国政府对许多国有资产进行了私有化，这一过程为金融机构带来了巨额利润，英国的新一代投资者也随着股指的节节攀升入市。80 年代初，活力四射的纳迪尔看起来很像英国投资者青睐的企业家。英国金融界从来就没有研究透他在土耳其和北塞浦路斯的业务，其商业模式虽然看起来风险很大，但或许能为投资者贡献很大回报。1983 年，纳迪尔控制了勃利·派克 15% 的股票，余下的股份全都被英国金融机构持有。

当然，也有人持不同意见，认为勃利·派克在北塞浦路斯的业务受到当地政治进程的影响。如果有一天塞浦路斯又统一了，情况又会怎样呢？伦敦证交所准许勃利·派克不分地区编制财务报表，这样，其塞浦路斯业务到底赚了多少钱就很难看清了。

勃利·派克飞速增长，顺其自然地成了投资者追捧的香饽饽。该公司 1982 年财报显示，其当年销售额是前一年的 3 倍多，柑橘种植业务产生了巨额利润，但制衣业务却发生了亏损。勃利·派克柑橘业务的边际利润非常高，有人对此提出了质疑。纳迪尔则用企业集团惯用的解释予以回应：各种业务（种植、包装、运输和批发）的纵向一体化产生了节约成本的协同效应，所以利润率随之升高。虽然勃利·派克的股价一度暴跌，因为市场认为土耳其政府将取消对该公司来说至关重要的税收优惠，但其股价很快止跌，并重拾升势。

1984 年，康奈尔制衣和 Wearwell 并入勃利·派克集团。同年，勃利·派克首次对名下地产进行价值重估，所得的 800 万美元账面增值部分被用于抵充汇兑损失。除了 1985 年以外，勃利·派克每年都对其地产进行重估，直至倒闭。不过，勃利·派克的营收状况非常喜人，1980 年—1985 年间，该公司的营业收入分别是 100 万美元、650 万美元、2 110 万美元、6 220 万美元 1.372 亿美元和 2.055 亿美元。在此期间，该公司的盈利状况也从小幅亏损转变为获得 5 050 万美元税后利润。

得到机构资金支持的勃利·派克似乎越变越强。伟视达获准为国际知名电子公司，如雅佳（Akai）生产部件。1987 年，勃利·派克集团收购了英国家电制造商领豪（Russell Hobbs）和中国台湾的凯普电子公司（Capetronic）。其股价也大幅飙升，这部分是因为美国投资者第一次可以通过专业共同基金和美国存托凭证（American Depositary Receipts，ADRs）购买该公司的股票。1988 年，勃利·派克继续高歌猛进，不断收购公司，并在香港、美国、荷兰与西班牙开设合资企业。勃利·派克还购买了 10 艘冷藏船，其资产规模几乎翻了一番。

1989 年，杠杆收购高潮达到了巅峰。本来就是杠杆收购产物的美国公司纳贝斯克需要出售优质资产，向市场抛出了著名食品公司德尔蒙食品（Del Monte）。勃利·派克以 8.75 亿美元的价格对其进行了收购，这笔交易使其成为全球第三大水果批发商。同年，勃利·派克又收购了在东京证券交易所上市的电子设备制造商山水（Sansui）和其他一些小公司，并首次成为富时 100 指数成份股。短短 10 年间，勃利·派克的市值就从区区 30 万英镑增长至 17 亿英镑。对一家英国公司来说，这是个了不起的成绩。纳迪尔也在英国富人榜上跃升至第 36 名。

回过头来看，这么高的增长率确实有些离谱。但又有多少人在当时就能把一切看得清清楚楚呢？1990 年，有关英国欺诈重案办公室开始调查勃利·派克的消息不胫而走，但连一向老道可靠的《纽约时报》都认为"勃利·派克的业务看起来没有问题"。8 月初，已经持股 25％的纳迪尔宣布准备在市场上回购勃利·派克的股票，并将其变为私有公司。虽然有消息说税务局因为勃利·派克涉嫌内幕交易而对其展开调查，但其股价还是从每股 393 英镑涨到了 417 英镑。5 天后，也就是 8 月 17 日，纳迪尔宣布放弃回购，这加速了英国金融界对其态度的转变。

短短数周内，欺诈重案调查机构闯进南奥德利管理公司（South Audley Management）的办公室，该公司因为纳迪尔处理私人交易，其相关资料被调查机构查封。借钱给勃利·派克的银行开始悄悄售出作为抵押品的勃利·派克股票。勃利·派克的股价一溃千里，该公司股票也被停牌。勃利·派克被托管，但土耳其和北塞浦路斯政府显然不遗余力地阻挠英国当局核查该集团当地分支机构的账目。

纳迪尔迅速放弃回购公司股票（该行为违反了证交所规定），这成了压垮勃利·派克的最后一根稻草。人们始终搞不清他一开始为什么想回购公司股票。一些掌握内情的消息灵通人士说，1990 年 8 月 2 日爆发的科威特战争严重扰乱了土耳其和其他中东国家的经济，进而影响了勃利·派克的生意。另一些人则说，这可能与内幕交易有关，但相关调查并没有得出明确结论。还有人说，纳迪尔对公司股票的低市盈率感到不满。1990 年，勃利·派克的市盈率为 8 倍，对一家主要靠收购求发展，有可能扩张过度的的上市公司来说，这样的市盈率并不离谱。勃利·派克于 10 月 1 日发表声明说，纳迪尔的出尔反尔引发了流动性危机。但市场普遍认为，勃利·派克在飞速扩张时期经常遇到流动性危机。

无论出于什么原因，勃利·派克一旦被清盘，许多问题便接踵而至。该集团的一大部分资产属于土耳其和塞浦路斯的分支机构。但在 1990 年 10 月份，一位土耳其银行家说："纳迪尔先生在这里的生意并不成功，他没有出路。"对投资者和债权人来说，最要紧的事莫过于搞清楚上述分支机构的资产到底有多少可以被拿回来，但审计师依旧无法查阅这些机构的账目。

人们将注意力转向了勃利·派克的会计师。很显然，该集团的公司治理出了大纰漏，而会计师本该是保障有效公司治理的第一道防线。勃利·派克的首席会计师是约翰·特纳（John Turner），于 1998 年被英国特许会计师协会（Institute of Chartered Accountants）剥夺会员资格。他承认自己参与了"非法交易"和"伪造文件"。勃利·派克将大笔资金从英国转移到国外。检方提出的 10 项相关指控特纳全部认罪。经济审判庭主席约翰·贝利爵士（Sir. John Bailey）评论说："特纳的行为好似给盲人戴眼镜。"负责勃利·派克外部审计的德豪会计师事务所（Stoy Hayward）则逃过一劫，只被罚了 7.5 万英镑。他们只承认对塞浦路斯的从属审计工作监管不力。2003 年，塞浦路斯 Erdal 公司的 3 名会计师受到了英国会计师联合惩戒协议（Joint Disciplinary Scheme）的处罚和谴责，因为他们出具的审计报告和事实完全不符。但对投资者和债权人来说，所有的惩罚和补救都为时已晚。

勃利·派克的崩溃还产生了政治影响。纳迪尔为保守党捐赠了大约 44 万英镑政治献金，工党则要求保守党归还这笔钱。1993 年，为了逃避审判，纳迪尔逃到了塞浦路斯。北爱尔兰事务大臣迈克尔·梅兹（Michael Mates）随即辞职，因为他曾为纳迪尔辩护，说他无罪。梅兹曾送给纳迪尔一块价值 50 英镑的手表，表的背面刻着"别让卑鄙小人搞倒你"。有人拿此事大做文章。这句话的确有些不妥，但也无太多可指责之处。由于北塞浦路斯国际地位很特殊，英国并未与其签订引渡条约，所以，纳迪尔可以在那里安心度日，不必担心英国当局对他下手。英国的投资者和评论者因此而感到极为愤怒。2010 年，纳迪尔在逃亡 17 年后重返英国接受审判。2012 年，法庭认定纳迪尔从勃利·派克集团盗取了 2 620 万英镑，检方提出的 10 项指控成立，纳迪尔被判 10 年监禁，但只需服刑 5 年。

纳迪尔为什么要回国呢？一方面，土耳其的情况已经发生了很大的变化，其经济已经取得了长足发展，需要融入西方世界主导的国际市场。另一方面，财产消耗殆尽的纳迪尔似乎也失去了北塞浦路斯政府的支持。对于一个想要赢得国际社会支持的政府来说，庇护在逃犯显然不妥。纳迪尔一直声称自己因为是少数族裔而受到英国政府的迫害，并以此博得土耳其人和北塞浦路斯人的同情，但他们现在变得越来越不吃这一套。虽然纳迪尔在北塞浦路斯的居住环境还算不错，但像他这样一个热爱大都市奢华生活的人怎么可能受得了一直被困在乡下。有报道说，单凭无法搭乘飞机进行国际旅行（因为害怕被引渡回英国）就快把纳迪尔给逼疯了。但这些理由不能完全解释纳迪尔回国的行为。有人觉得他可能错解了英国政府释放的信号，以为自己能够免于审判。还有人觉得，不明势力故意诱导他，让他产生了上述错觉。或许，纳迪尔觉得在保守党重新掌权后，自己的处境会比以前好。他对法庭的裁决显然感到十分惊讶。

几年来，勃利·派克已经成了商学院的教学案例，其教学重点是"货币错配"，即勃利·派克以低利率借入强势货币，如英镑和瑞士法郎，并将其兑换成高利率的疲软货币，如土耳其里拉进行投资。这种做法能在缩减资产负债表规模的同时扩充利润。但在笔者看来，这并非勃利·派克案例的要点，该案的关键点应该是英国会计师和审计师愿意接受勃利·派克土耳其和北塞浦路斯分支机构编制的虚假财报，而英美投资者却依赖这些信息评估自己的投资是否安全。

> 该案的关键点应该是英国会计师和审计师愿意接受勃利·派克土耳其和北塞浦路斯分支机构编制的虚假财报，而英美投资者却依赖这些信息评估自己的投资是否安全。

投资者别无选择，因为外国投资者很难摸清土耳其和北塞浦路斯企业的经营情况。英国会计行业显然出了大问题，虽然旨在提高公司治理标准的"凯得伯瑞报告"（Cadbury Report）出台了，但投资者还是不能完全相信审计报告的真实性，特别是当被审计对象所在经济体的运行标准和本国差异很大的时候。

投资者对战商业巫师

从个人投资者的角度来看，奥林巴斯和勃利·派克所犯罪行的严重性比本书涉及的其他诈骗行为要轻一些。至少很少有人会把所有财富都投入一家公司。更重要的是，这两家公司的业务是真的，而不是虚构的。奥林巴斯制造的产品享誉全球，勃利·派克的生意做得也不错，该集团下属的一些子公司，如电视机制造商伟视达，在勃利·派克崩溃后发展得很不错。奥林巴斯错就错在隐匿了公司因为日本经济衰退而产生的巨额亏损。在日本经济泡沫迅速膨胀的过程中，绝大部分日本大型企业都犯下了严重的投资错误。而奥林巴斯则试图用一系列"金融工程"来挽回败局，我们至今都不清楚这些举措的具体内容是什么。公司高管似乎不是为了个人利益，而是因为忠于企业和前任而将这个骗局隐匿了这么多年。日本经济泡沫破灭后，无数吃政府救济但却无力偿还债务的"僵尸公司"出现了，"失去的十年"让日本陷入泥潭，不能自拔，日企也亟需提高公司治理的透明度。基于上述原因，一个普通英国投资者需要很大的勇气，才会在奥林巴斯或其他日企上豪赌一把。

勃利·派克对英国投资者的吸引力特别大。它是那个时代的产物，当时的英国政府看重商业发展，并试图鼓励公众入市。伦敦金融界的气质就是短视和玩世不恭。他们才不像跟随其后的小股民那样看重公司的基本面，而是大肆玩弄"博傻"手法。但在那个时代，即便是散户也把短线炒作视为唯一明智的投资方法。他们积极买入那些和政策沾边，或是有故事讲的股票，然后希望自己能在公司出问题前将股票高价脱手。不过，在将近十年的时间里，什么问题都没有出现。虽然你不应该将所有的资金都投入短线炒作，但拿出一小部分来玩玩也未尝不可。这听起来似乎有些不道德，但成功的投资者有时候的确会允许自己遵从审慎的冒险主义，并在那些基本面不靠谱但走势不错的股票上赌一把。当然，你必须做到愿赌服输。

THE CON MEN
A HISTORY OF
FINANCIAL FRAUD
AND THE LESSONS
YOU CAN LEARN

第三部分
我们为什么活该被骗

第 7 章
投资者的致命过失

投资过失：

1. 迷信投资大师
盲目追随如罗伯特·清崎一类所谓的投资大师。

2. 过度信赖黄金
"铀"误以为只要手里有黄金，就算灾难发生，他们也能脱困。

3. 货币幻觉
错误认为手中货币币值固定，而其他商品价格则会发生波动。

投资者所犯的最大错误也许就是无知：个人投资者真的应该加强自己的投资教育，而且要活到老学到老。当然，向谁学以及学什么都是必须认真考虑的问题。

投资者的三大过失

你向某人寻求建议，但他能否给你可信的答案呢？

个人理财大师，罗伯特·清崎（Robert Kiyosaki）

到目前为止，我们所谈的都是骗子如何行骗。在本书的这一部分，我们将聊一聊投资者自己容易犯哪些错误。也许其中最大的过错就是无知：个人投资者真的应该加强自己的投资教育，而且要活到老学到老。当然，向谁学，以及学什么都是必须认真考虑的问题。如果有人告诉你说，投资没有风险，或者将极为复杂的问题过于简单化，那么他不太可能成为你的老师。所以，你自己一定要有辨识能力。

在这一章，我们将了解普通投资者容易犯的三大过失：追随富有魅力的投资大师、过度信赖黄金以及被"货币幻觉"所蒙蔽，也就是搞不清名义利率和剔除物价上涨因素的实际利率。

上述过失会让投资者变得容易受骗。即便没有上当，投资者也很容易因为这些过失而造成严重的投资失误。

大师激励并非真正的财务教育

罗伯特·清崎来自夏威夷，他以前曾是一名推销员。1997 年，清崎自费出版了一本名叫《富爸爸，穷爸爸》的书，以寓言故事的形式兜售致富经。在自助类书籍中，类似书籍还包括大获成功的《谁动了我的奶酪》。《富爸爸，穷爸爸》后来在传销圈里出了名，一家知名出版社相中了这本书，把它捧成了畅销书。清崎则借势出版了好几本《富爸爸，穷爸爸》系列书籍（据说这套书的总销量超过了 2 000 万册），其中包括他与悲惨的地产大亨唐纳德·川普（Donald Trump）合写的《让你赚大钱》（*Why We Want You To Be Rich：Two Men，One Message*）。清崎摇身一变，从一个默默无闻的推销员变成了励志培训领域享有盛誉的国际名人（他甚至于 2000 年登上了奥普拉脱口秀）。《时代杂志》称，《富爸爸，穷爸爸》成了"史上最牛个人理财书籍"。

清崎这本书的主要内容是教大家做一个像他同学的"富爸爸"那样的人，虽然他同学的父亲没有受过什么良好的教育，但却很有钱。"富爸爸"的反面是"穷爸爸"，也就是清崎的父亲，他是夏威夷当地的教育部官员，非常缺乏"富爸爸"拥有的创业精神。清崎教导大家，致富不能靠勤奋和存款，而是要靠获得能够产生收入的资产。他所说的这类资产主要是可供出租的房产。当然，创业也是一个选择，但清崎并没有说明哪些行业很有未来。

我对自助书籍还有些同情，但清崎的这本书简直是胡言乱语。该书所涉及的各个领域清崎都只是蜻蜓点水，粗粗带过。书里充斥着各种标语口号和陈词滥调，没有真正有用的建议，而只有错误的论述（如有关特定个人开销能否抵税的描述），和未经证实的陈述（如清崎通过多样化经营赚了几百万美元）。他甚至建议读者从事非法活动，如进行内幕交易（详见第 2 章）。这本书基本上是一本励志书，其目标读者显然是没有受过良好教育的穷人，所以清崎在书中不断重复，致富无需高学历和高收入。没有良好教育背景的草根当然可以致富，但却不是像清崎描述的那样快速致富。

　　一般来说，瞄准上述特定市场的个人理财大师不会受到主流媒体的广泛关注。他们或许可以通过迎合这些可怜人而过上舒适的生活，但他们对社会整体，特别是个人投资者几乎没有影响。不过，"志向远大"的清崎可不是一盏省油的灯。《富爸爸，穷爸爸》系列书籍登上了《华尔街日报》和《纽约时报》书榜的榜首，而且在其他国家也成了炙手可热的畅销书。清崎则成了理财专栏作家和雅虎理财版块的"专家"。他多次走上电视荧屏，并得到了许多电影明星，如威尔·史密斯的赞许。清崎还与地产大亨川普联手合写了《让你赚大钱》一书。

　　罗伯特·清崎之所以重要是因为他是个名人，是名人就会有影响力。虽然清崎声称致力于财商教育，但他的书里却没有多少有用的金融知识，有的只是不当甚至是误导的内容。比如，鼓励创业或声称地产生意能够致富本没错，但清崎并没有教大家到底应该怎么做。他的书只是内容泛泛的"励志书"，水分很多，干货却很少。

　　在对清崎的背景进行调查后，我发现这位理财大师与一些类似邪教组织的传销组织以及自助组织有牵连。清崎自己说他 1974 年在 EST 组织接受过培训，他认为这次培训改变了他的人生。EST 也就是埃哈尔研讨培训计划（Erhard Seminars Training）首字母的缩写，这是一个活跃于 20 世纪七八十年代的新世纪培训班，不过该组织也因为其使用的对立冲突培训方法而饱受争议。2012 年，该组织创始人沃纳·埃哈德（Werner Erhard）在接受《金融时报》记者采访时说："别人对我好是天经地义的。"我们可以想见该组织的培训风格是什么样的。

　　1980 年，清崎加入了另一个名为"金钱和你"的培训项目，该项目由 ETS 的另一个学员马歇尔·瑟伯（Marshall Thurber）创立。1984 年，清崎和同伴将这个项目带到了澳大利亚，并在那里成功运营了近十年。1993 年，澳大利亚的一个名为《四角》（*Four Corners*）的新闻节目深入报道了"金钱和你"培训项目。一些学员在接受采访时说："几乎每个学员都哭过……一些人都快精神崩溃了……你开始失去自己的价值观和信仰。"这些描述让人回想起 ETS 培训的情境。这次报道极大地损害了"金钱和你"项目在澳大利亚的声誉。第二年，清崎就离开了该组织，但他没有说明原因。

清崎还加入过安利。安利是一家利用多层次推销技巧在全球范围内销售化妆品、保健品和厨卫清洁用品的直销企业。直销员发家的关键不在于销售产品，而在于发展下家，这一点饱受诟病。虽然直销公司以及较早加入的成员能够赚大钱，但其底层销售人员往往很难赚到钱，他们入会的时候要交一大笔钱才能拿到货品。一份 2001 年发布的报告显示，积极活跃的安利直销员月平均收入只有 115 美元。

大卫·布罗姆利（David Bromley）是一位研究宗教的社会心理学家。他说安利是"一家半宗教化的组织，成功的直销员可以通过在公司内部培训班和集会上发表演讲来赚钱"。在美国召开的安利集会上，公司高层往往会向大家传递这样一个信息：让美国成为伟大国家的优秀个人品格已经消失殆尽，通过销售安利产品，与会的安利直销员可以成为自雇的商人。布罗姆利觉得此类集会堪比传统的培灵会，在演讲和颁奖环节，与会人员常常充满感情地高呼"我相信"、"我的内心甜如蜜糖"等口号。安利的政治态度却异常保守，这从侧面反映出愿意做直销员的都是些什么人。一些人之所以对安利着迷是因为它能提供某种温暖的家庭氛围，其群体结构能为其成员提供许多精神支持。

那么清崎和安利的关系有多密切呢？据说，安利的老总发现了一本清崎自费出版的《富爸爸，穷爸爸》，并用它来鼓舞直销员的士气。这本书在安利直销员中广为流传，主流出版商这才觉得它有出版价值。有人说，清崎一度加入过安利，但他本人从未公开承认过。《富爸爸，穷爸爸》一书倡导人们做自己的老板，这一点很契合安利直销员的心理。而清崎也在《富爸爸 21 世纪的生意》（*The Business of the 21st Century*）一书中为网络传销背书。

人们常说，各种推销在美国司空见惯，所以强硬推销对美国人不好用。但从《富爸爸，穷爸爸》一书的销量来看，美国人至少对清崎没什么免疫力。清崎在全球范围内出售书籍，举办培训班。在发展中国家，崇洋媚外但却不了解西方现代世界如何运作的人们最吃清崎这一套。像本书作者这样比较了解真相的人对此深感忧虑。

我在新加坡的一个朋友很有钱，就连她都参加了清崎的演讲会。新加坡可不是发展中国家，在许多方面都位于世界前列，但在其现代的外表下却潜藏着轻信的文化传统。我的朋友应该能够明辨是非，但却无法将清崎和像吉姆·罗杰斯（Jim Rogers）这样的投资大师区分开来。罗杰斯曾是乔治·索罗斯（George Soros）的投资伙伴，战绩辉煌，现居新加坡。我的朋友还容易犯下我们将要提到的另外一些错误。所以，容易犯错的不只是可怜的穷人。我想强调的是，大师的激励无法替代真正的财务教育，后者需要很多年的刻苦学习。如果你想成为一个投资者，而又知之甚少，那么应该尽可能多地阅读高端金融出版社出版的金融书籍，而且做到不轻信任何人，包括本书作者在内。

等待世界末日的金虫们

地球上有这么一批人，他们相信特定的金属（通常是黄金）比其他任何东西更能保值。他们可以这么想，毕竟还有人觉得在过去 50 年里，英国房地产具有不错的保值功能。但这些金虫的逻辑思维不同寻常。他们的信仰源于一种强烈、神秘，而又盲目的激情。这些人鄙视价值不固定的法定货币，他们拒绝全面思考问题的各个方面。在金虫的眼里，与其意见相左的人说轻了是任性的无知者，说重了就是帮助富人作恶的走狗。他们不接受其他看法，即便像保罗·克鲁格曼（Paul Krugman）这样的诺贝你奖得主，或像巴菲特这样的投资大师和他们平息静气地讨论都无济于事。

> 地球上有这么一批人，他们相信特定的金属（通常是黄金）比其他任何东西更能保值。

　　2011 年，巴菲特在写给股东的信中提到过一个要点，他说黄金这种资产从来就没有产生过回报，并认为人们只有在预期黄金价格上涨时才可以买黄金。但有些人买黄金似乎只是为现代社会的崩溃和世界末日的到来做好准备。虽然人们的确不能依靠政府防止货币因为通胀而贬值，巴菲特对此表示认同，但他认为，只为了防止货币贬值就将所有资产变为黄金的做法是不可取的。巴菲特说，世界已开采黄金储量是 17 万公吨，值 9.6 万亿美元（2011 年市价）。用这些黄金可以打造一个边长 20.7 米的立方体。巴菲特常常将这个巨大的黄金立方体和其他等值投资进行比较。你可以用这笔巨大的财富购买美国所有的耕地（面积达 1.6 亿公顷，每年产出价值 2 000 亿美元的农作物）和全球盈利能力最强的 16 家公司（如埃克森美孚，这些企业每年产出 400 亿美元利润），即便如此，你还能剩下 1

万亿美元。如果从上述角度进行分析，没有投资者会用 9.6 万亿美元去换一个巨大的黄金立方体，因为它什么都不产出，而等值的投资组合每年可产出 2 400 亿美元，而且这些资产不会贬值，未来还能在市场上以不错的价格出售。

虽然用上述理由说得动普通人，但却说不动死忠金虫。他们的主要问题是害怕，害怕不负责任的政府将国家拖入恶性通胀，害怕现代文明有朝一日会崩溃。他们认为，只要手里有黄金，就算灾难发生，他们也能脱困。但我想说，这种想法不切实际。政府可以将你的财产充公。在兵荒马乱，没有任何法律和秩序的时代，难道挖一个地堡，备几把枪，你就能击退劫匪，守住自己的金子？在乱世中，即便是黄金也未必能让你全身而退。历史上的越南船民问题和魏玛共和国的恶性通胀能让我们明白这个道理。

1975 年，南越政府溃败。为了不被北越政府迫害，大批越南人试图乘船出海，寻求避风港。据估计，大约有 20～40 万人因为事故和海盗劫掠而死在海上。一些人的确出了高价，用黄金买船票登船。1979 年，越南政府在骚扰和盘剥华裔族群多年后，允许他们有条件离境。条件就是向公安局交钱，价格为每人几盎司黄金。据估计，越南政府用这种方法盘剥了 1.15 亿美元（约为该国 GNP 的 2.5%）。我们从中能够吸取什么教训呢？拥有一些黄金或许的确能让你在危急时刻换回一条命，但你无法随身携带大量黄金，因为黄金太重，而且个人无力保护这么昂贵的资产。

1921 年 6 月至 1924 年 1 月，在这两年半中，魏玛共和国时期的德国发生了恶性通货膨胀，因为在第一次世界大战中战败的德国必须用黄金或外汇向战胜国支付战争赔款。德国政府为此购入大量外币，这导致德国马克迅速贬值，物价飞涨。经济社会地位不同的阶层对恶性通胀的感受也有所不同：工人拿工资的时间间隔越来越短，纸币数量却越来越大，他们只能勉强糊口；有不少存款的中产阶级损失惨重，很快就加入了穷人的队伍，特别是当他们变卖房产，换取现金，补贴家用的时候。不过，在通胀前借入大笔债务的人可乐坏了，因为他们的实际债务规模大幅缩水。

恶性通胀造成的一大恶果是，虽然农民手上有很多粮食，但他们拒收马克，以至于饥荒在城镇蔓延开来。就算手里有一些黄金或外汇，你也很难在城里搞到食物。比如，在布雷斯劳（Breslau），一个外国人在拥挤的餐厅里整整等了一上午才吃到饭，而且一天也只能吃一顿饭。那个时候，德国儿童普遍营养不良。1923 年秋天，走投无路的德国政府开始充公个人持有的外汇、黄金和其他贵金属。警察设卡检查，并闯入民宅搜查。在柏林，警察闯进咖啡馆，让顾客把钱包里的外汇都掏出来。

拥有一些黄金，如金项链或金币或许能帮助你获得生活必需品，但在德国，一些有价值的东西，如三角钢琴、名画和雪茄也被当作货币使用。无论是在德国，还是在越南，黄金都无法让你彻底安全。所以，不要再被黄金能让你躲过所有灾祸的幻觉蒙蔽了。

这是否意味着投资者不需要持有任何黄金呢？一些专家建议将一小部分，如 5％的资产换成黄金。就交易成本而言，持有黄金最便宜的方法是将黄金存入专业金库，如果你能负担得起的话。但当大灾祸发生时，你或许拿不到自己的金条，就算拿到了，也很难在大庭广众之下切一小块金子买东西，因为那会引起歹人的注意。本书的主旨不是介绍各种应对社会动荡的方法，不过聪明的投资者应该未雨绸缪。经验告诉我们，将一部分资产变为轻便、可变现的珠宝、金银币，而将另一部分资产变为房产或土地或许能有所帮助。但这些资产本身什么都保证不了。当然，端着枪，蹲在地堡里，死守一堆金子也是无济于事的。如果灾难真的降临了，无论你怎么下注，结局都是输。

货币幻觉

19 22 年，著名美国经济学家欧文·费雪（Irving Fisher）赴德国调查德国人对恶性通胀的看法。在费雪买衬衫的时候，店主对他说："这件衬衫的售价和我现在的进货成本一样。"她之所以说这番话是为了避免被当成投机倒把分子。费雪很纳闷这位女士为何要贱卖衬衫，他还没问出口，那位女士又说："不过我已经赚到钱了，因为这件衬衫的进货成本更低。"

在费雪看来，店主算错了：这笔生意其实让她亏了钱。费雪为这件衬衫支付了 150 马克，等同于 1921 年的 90 马克，而店主的进货成本是 100 马克（1921 年价值），所以，这笔交易让她损失了 10 马克。店主之所以算不清得失是因为被"货币幻觉"蒙蔽了，她分不清货币的名义价值和实际价值，也就是扣除物价上涨因素的价值。费雪相信，"货币幻觉"之所以会产生是因为人们倾向于认为手中货币的币值是固定的，而其他一切商品的价格则会发生波动。

学界对于"货币幻觉"存在一定争议，我们有必要好好聊聊这个话题。

"货币幻觉"是如何造成的呢？首先，许多人对通胀效应知之甚少，他们

"货币幻觉"是如何造成的呢？首先，许多人对通胀效应知之甚少，他们不知道应该如何排除物价上涨因素，也不清楚自己在哪些时候容易混淆名义价值和实际价值。

不知道应该如何排除物价上涨因素，也不清楚自己在哪些时候容易混淆名义价值和实际价值。比如，政客和记者就经常犯这类错，而且金融机构也只不过是发布名义投资回报率，除非监管机构要求其剔除通胀因素。2010 年，英国首相卡梅伦在发表演讲时曾说："在这里，我想要提一提那些让我们陷入困境的家伙。他们欠下的债务要比此前英国政府 300 年来积累下的债务总和还要多。没错，我说的就是你们，工党。"诚然，在执政的 13 年里，工党在经济建设方面的确乏善可陈，但卡梅伦的话很容易让公众产生误解，因为他说的是英国政府名义债务的增加。如果我们扣除物价上涨因素，那么英国政府在工党执政期间积累下的债务规模就会变小很多。

在房地产市场，货币幻觉似乎能够促进房价泡沫的形成。假如一对小夫妻正在纠结是租房好，还是买房好。如果要买房的话，他们可以借到永久固定利率的房贷。这对年轻人以为名义利率和实际利率会同向变动（其实不然）。如果通胀率降低了，他们或许会觉得买房更划算，但他们没有想到，通胀率下降后，房贷月供的实际价值却上升了。如果很多人都决定出手买房，那么激增的需求就会推升房价。不仅如此，在经济不景气的时候，名义房价还会因为货币幻觉而产生"粘性"。人们不喜欢以低于买入价的名义价格"贱卖"自己的房产，即便其他房产的价格跌幅更大。假如，有人以 10 万英镑的价格买了一套公寓，而房价跌了5％，那么房主很可能不愿意以略低的价格出手自己的房子，哪怕他现在可以用95 000 英镑买到相同的房子。这种倾向会让房市的交易量大幅萎缩，让市场变得萧条。

货币幻觉是否会发生，在很大程度上取决于我们如何描述一个问题。比如，在一项实验中，人们面临两个选项：在通涨率为 4％的情况下，工资增长 2％；

在通胀率为零的情况下，工资减少2％。虽然这两个选项实际上没有差别，但人们还是倾向于选择前者。如果在实验过程中，我们提醒人们注意这两个选项的实际效果，那么更多的人会看出它们并没有什么不同。

让我们回到费雪买衬衫的故事中。女店主一再强调她是以当下的成本价出售衬衫，换言之，衬衫的重置成本已经显著上升。这反映出一种倾向，在物价飞涨的时候，消费者容易觉得商人利用艰难时局，以高价出售旧货，赚黑心钱。所以故事中的女店主十分担心别人以为她在漫天要价。费雪认为，她不知道自己实际上是在做亏本买卖，即便是知道了，她很可能还是会迫于社会压力而贱卖自己的存货。

大多数经济交易是以名义形式表达的，因为这么做比较方便。短期内，交易的名义价值和实际价值不会有太大差别。大多数人做不到在每次交易时扣除物价上涨因素，其实也不需要这么做。但在进行重要投资决策时，我们就必须考虑这方面的因素，并用物价指数进行相关调整。

为什么一些人总是上当

20世纪70年代，各种个人成长教派在年轻人中风行一时。这部分是因为在过去十年间年轻人的纵欲和滥用药物，他们多少已经厌倦了这种嬉皮士生活。70年代的年轻人已经不再刻意追求享乐，而是转向更为健康的非传统生活方式。各种教派组织所提供的生活方式虽然与西方传统格格不入，但这些生活方式至少比较积极健康。当时的一些理念，如倡导食用有机食品，包容社会多样性，以及保护环境，已经融入了现代主流价值观，并成了各大主要政党所支持的观点。

一些更为狂热的教派，如哈瑞·奎师那运动（Hare Krishna movement）①，用苦修和吟唱等方式让许多瘾君子摆脱了毒品的袭扰。还有一些教派更具西方人格特征，它们运用西方心理学理论，教授实用的生活技巧，让个人在生活中变得更有能力，更有力量，更有说服力。这些群体后来冒出了许多成功的商业人士，特别是在看重个人沟通和说服技巧的销售领域。但是善于沟通和说服别人的个人未必具有进行审慎投资决策所需的分析和推理能力。而且大家一定要小心，在现今的个人理财行业中，不少机构和个人深受这些教派的影响，并会使用上述技巧推销产品。大家碰到他们时一定要多个心眼。

每隔一段时间，一些著名经济学家就会跳出来大声疾呼，认为金融体系应该恢复金本位制。在 1870 年到第一次世界大战爆发前的这段时间里，许多发达国家发行的纸币可以自由兑换成定额黄金。有关是否应该恢复金本位制的讨论十分复杂，而且尚无定论。对于需要应对现实世界的个人投资者来说，这些讨论也没什么用处，因为政府发行的法定货币并没有与黄金挂钩。我们认为，回归金本位制既不解决问题，也无法阻止政府找到操控货币价值的方法。对投资者来说，法定货币的确是个问题，因为它会随着时间的流逝而贬值，所以我们必须投资于能够产出利润的资产，如公司股票和地产，而不是像高尔斯华绥（Galsworthy）所著小说《福尔赛世家》（*The Forste Saga*）中的维多利亚时代家庭那样，靠购买政府债券等生息资产过活。所以大家要小心金虫和那些吹捧黄金的人，他们的话不太可能让你发财。

---

① 被称为耶和华的印度教见证的国际奎师那知觉协会（International Society for Krishna Consciousness）。——译者注

最后还是要提醒大家训练自己多用实际回报，而不是用名义回报来进行投资决策，特别是在进行长期投资决策的时候。如果你真的这么做了，那么很快就会意识到，银行存款和债券的实际回报通常是负数，卖房所获得的巨额收益也没有看起来的那么丰厚。习惯这种思维方式能够帮助你辨清敌友。那些经常和你聊名义回报率的人要么不知道自己在做什么，要么在有意误导你。

最后还是要提醒大家训练自己多用实际回报，而不是用名义回报来进行投资决策，特别是在进行长期投资决策的时候。如果你真的这么做了，那么很快就会意识到，银行存款和债券的实际回报通常是负数，卖房所获得的巨额收益也没有看起来的那么丰厚。

我们必须搞清楚价格上升和价值增加之间的区别。让我们用巴菲特讲过的一个小故事来结束这个复杂的议题。一个小贩用一生的时间打造出一家成功的百货商店。他的孩子怀揣着宏伟的商业计划，想要通过资本运作对公司业务进行重大改组。老人让儿子去 7 楼的储藏室看一看，他说："那里放着一辆破旧的小推车。40 年前我就是推着它来到这座城市的。你可以将它作为资本项进行减记，剩下的一切便都是利润。"

第 8 章
系统中的道德风险

欺诈案例：

1. Libor 丑闻

巴克莱银行以及瑞银集团试图操控利率，逼迫投资者支付高额利率。

2. 杰斐逊县欺诈案

杰斐逊县被投行忽悠将 30 亿美元借款拿去做高风险利率交易，最终债台高筑，陷入绝境。

过多的奖金不但会激励金融从业人员甘冒风险，而且还会鼓励他们藐视旨在确保金融系统稳定的各项规则。如果这种情况不加以改变，那么另一次大危机必然会在未来一二十年内发生。

委托代理的"道德风险"

> 银行创造货币的过程是如此简单，以至于我们的头脑都不屑于去想。
>
> 经济学家，加尔布雷斯（J. K. Galbraith）

投资者之所以容易上当，是因为他们常常在销售人员的误导下，错估了特定投资的风险。在金融市场中，各种机构变着花样地想让自己推荐的产品更具有吸引力。正如我们看到的那样，投资者碰到了经济学家所说的"委托代理"问题，投资者是委托人，而各种金融服务提供商则是代理人。代理人更了解市场，委托人却无法密切监督他们的所作所为。这使得代理人有动机将自己的利益置于委托人的利益之上，所以投资者必须依靠金融监管机构来提供保护。

委托代理问题其实是一种"道德风险"：一方冒风险，而另一方却承担前者行为的不良后果。道德风险并非投资领域的特有现象。比如，一个保安在值夜班的时候睡着了，但承担失窃损失的却是他的雇主。道德风险比较容易发生于雇主难以解雇雇员的行业，如公用事业行业。在投资界，道德风险的典型事例包括不考虑投资者的风险承受能力便强行推销产品，以及用客户资金给员工发巨额奖金。

道德风险虽然无法彻底消除，但却能被限制在可控范围之内。我们所要做的就是仔细设计金融机构的结构，制定可行的监管规则，并设立拥有处罚权的有效金融监管机构。在过去 20 年里，全球金融市场大幅扩张，而政府监管却大幅放松，在作为全球金融中心的美国尤为如此。在这样的环境下，道德风险显著增加。政府监管的放松一部分出于偶发因素，一部分则是因为腐败，还有一部分是因为金融行业在过去十年里为政府贡献了大量的税收，这使得政府没有动力去对其进行有效监管。值得注意的是，虽然人们在经济繁荣时期盛赞自由市场经济，但金融服务业无法做到完全自由：政府不得不以多种形式干预金融市场各个层次的活动，而且大多数经济学家认为，政府不能让作为金融业骨干的银行业完全由着自己的性子胡来。银行业的系统性道德风险会对整个金融系统造成威胁。金融危机的爆发也让相关预言变成了现实。

许多人以为卡珊德拉（Cassandra）只是一个老是唱反调的悲观主义者，但在古希腊神话中，众神赋予卡珊德拉准确预言的能力，并以此来诅咒她。为什么这种预言能力反倒是一种诅咒呢？因为虽然卡珊德拉能够预知未来，但却没有人相信她的预言。最近，英国《卫报》的一个评论员天真地写道："有人觉得全球金融系统充斥着各种欺诈，而来自金融系统内部和政府的守护者，包括金融监管机构在内，明明知道这一切，但却选择默不作声。要不是金融危机真的爆发了，人们会一直以为这只是阴谋论者头脑中的疯狂想法。"任何一个和金融市场打过交道，有过切身体验的人都会知道，全球金融市场的状况早已恶化。现如今，一些骗局终于败露了，那些不曾讨论相关问题的主流媒体却喋喋不休地探讨起金融系统的各种弊病。

《金融时报》著名记者马丁·沃尔夫（Martin Wolf）曾指出："如果金融业只为内幕人士提供巨额回报，而给数以亿计的无辜旁观者反复制造危机，那么该行业在政治上终究是无法被人接受的。有人希望由市场引领的全球化能够繁荣昌盛，他们会意识到这是阿喀琉斯之踵。"我抱有这样的希望，也意识到了这个弱点。不过我们也要防止矫枉过正。冷战时期，许多国家给金融投资活动施加了很多限制，使得经济活力无法释放。我可不想再回到那样的岁月。

2009 年 10 月，英国央行英格兰银行行长金默文（Mervyn King）在发表演讲时提到了银行业在数次金融危机中扮演的角色，并认为该行业需要重大改革。金默文说："银行资产负债表的规模越来越大，杠杆越变越高，以至于威胁到了整个金融体系的稳定。如果大银行出了问题，只有政府救得了它们。这当然是一种道德风险。如果我拥有一家大而不倒的银行，就很可能会肆无忌惮地冒险，因为最终政府会为我的疯狂埋单。"在金默文看来，"银行及其债权人很清楚，如果他们对经济体和金融体系来说足够重要的话，那么一旦出了问题，政府总会给他们撑腰。他们想的一点儿都没错。"

虽然政府有时在危机发生时必须出手救援，以避免整个系统崩溃，但这种支持不可能一直持续下去。金默文认为

> 虽然政府有时在危机发生时必须出手救援，以避免整个系统崩溃，但这种支持不可能一直持续下去。

解决这个问题的方法有两个：要么挑选出那些大而不倒的银行，对其严加监管；要么在保护普通存款、房贷和利率的条件下允许银行倒闭。

20 世纪 80 年代以前，也就是各国政府对金融业严加监管的时期，金融机构必须严格执行分业经营规定，也就是说，某机构无法同时扮演商业银行、券商、衍生产品交易商、基金管理公司、债券发行商、财务咨询公司、房贷发放机构以及投行等角色。但现在的大型金融机构可以集上述功能于一身。在政府刚开始放松监管的时候，金融机构必须确保自己从事的各种金融活动不存在利益冲突。大众被告知，机构内部的智能防火墙系统能够保证这一点。但没过多久，残酷的现实便让人们的幻想破灭，我们已经在第 2 章看过丹尼斯·莱文的故事了。从那时起，银行系统内部的利益冲突就不断升级。

银行系统内的道德风险已经演变成了赤裸裸的欺诈，但由于这些不端行为已经机构化，而且无处不在，所以公众很难问责。从 2007 年开始，各种涉及银行的丑闻便不断曝光，涉案的众多机构和个人似乎毫发无伤。但随着相关证据不断浮出水面，肯定会有一些作恶之人无法逃脱法律的制裁。为了了解银行体系问题的广度和深度，我将详细介绍两个案例：尚未结案的伦敦银行同业拆借利率（Libor）丑闻以及美国一个小镇政府的严重腐败丑闻。

Libor 丑闻

伦敦银行同业拆借利率（London Interbank offered Rate，简称 Libor）是大型国际银行短期拆借主要货币所要求利率的集合。许多种类的金融交易都以此作为参考基准。每个工作日的上午，一批指定参考银行会报出当日与他行拆放各主要币种、各期限（短期）借款的利率。相关数据于 11 点 10 分提交，并于 11 点 30 分由汤森路透发布。为了防止有人操控利率，最高和最低 1/4 的报价会被剔除，剩下的数据将被用于编制当日的 Libor。全世界的各种交易，特别是那些对利率的微小变化十分敏感的衍生品交易都将 Libor 作为极其重要的参考基准（与 Libor 挂钩的金融衍生品市场规模至少达到 350 万亿美元）。20 世纪 80 年代，Libor 是为确保企业贷款利率不低于银行同业拆借利率而诞生的。

2012 年 6 月，英国金融服务监管局（Financial Services Authority，FSA）向巴克莱银行开出了 5 950 万英镑的罚单，因为在 2005 年—2008 年间，巴克莱在提交利率的时候受到了本行和他行衍生品交易员的影响。金融服务监管局还发现了巴克莱银行的其他不当行为，后者试图影响其他银行所提交的美元 Libor 和欧元银行同业拆借利率（Euro Interbank Offered Rate）①；而且巴克莱银行在 2007 年—2009 年金融危机爆发时期扭曲报价，粉饰太平。金融服务监管局在处罚说明中广泛引用了巴克莱银行相关职员的对话和电邮，以说明该行故意操控利率。比如，2008 年 10 月 8 日，在一次电话会议中，巴克莱银行的一位利率提交人员在被问及相关情况时说："E 经理让我调低今天报出的利率……这样外界就不会觉得我们已经陷入困境了。"

同月，美国司法部（US Justice Department）和美国商品期货交易委员会（Commodities Futures Trading Commission）分别向巴克莱银行开出了 1.6 亿美元和 2 亿美元的罚单。美国人说话可不像英国人那样拐弯抹角，他们严厉斥责巴克莱银行操控利率。巴克莱主席菲利普·阿吉厄斯（Philip Agius）和 CEO 博达文（Bob Diamond）随即辞职。2007 年到 2008 年金融危机爆发以来，银行不断遭受到来自各方的指责。全球媒体终于找到了可以炒作的题材，忙得不亦乐乎。

在我撰写本书的时候，全球至少有十多家监管机构对形成伦敦同业拆借利率的大型银行进行调查。显然，巴克莱不是唯一的操控者。2012 年 12 月，瑞银

> 2007 年到 2008 年金融危机爆发以来，银行不断遭受到来自各方的指责。全球媒体终于找到了可以炒作的题材，忙得不亦乐乎。

集团（UBS）被美国司法部和美国商品期货交易委员会处以 12 亿美元的罚款，它还被瑞士和英国金融监管机构分别处罚了 6 000 万瑞士法郎和 1.6 亿英镑。公众对此似乎已经见怪不怪了。2005 年—2010 年间，瑞银肆无忌惮地操控利率，光是现有证据就能证明其职员至少共谋操控利率达 2 000 多次。虽然知道自己的

---

① 一种基于欧元的相似利率。——译者注

通话和通信记录会被保留，但该行的职员还是毫无顾忌地公开讨论自己的不当行为，他们甚至在电话里说黑话！有证据显示，除了银行以外，同业经纪商（银行之间的中介机构）也参与了利率的操控。

2013 年，苏格兰皇家银行（Royal Bank of Scotland）被罚 3.9 亿英镑，还有很多银行有可能会步其后尘。在美国，许多公司和市政府声称自己因为 Libor 被操控而被迫支付高额利率，并提起了法律诉讼。各国监管机构似乎终于准备联手遏制银行的玩世不恭，而且还准备防止银行不当销售利率掉期（详见下文将要讨论的杰斐逊县欺诈案）。

不过，大家别高兴得太早了。当你阅读本书的时候，Libor 事件或许已经成了历史。一些银行家甚至已经被送进了监狱，但银行不会因此而消失。我们的世界离不开它们。无论监管机构采取什么样的措施，银行只要一逮到机会就会重操旧业，干那些见不得人的勾当。

杰斐逊县欺诈案

杰斐逊县是亚拉巴马州污染最严重的一个县。美国国家环境保护局（Environmental Protection Agency）和其他相关方因为该县流出的污水污染了附近河流而将杰斐逊县政府告上了法庭。1996 年，法庭判决杰斐逊县政府败诉，并要求其筹资维修和扩建污水管道系统。于是，该县政府立即筹措修建项目所需经费。1997 年—2002 年，杰斐逊县政府陆续发行了支付固定利息的权证（一种债券）。虽然批评者认为这个项目的摊子铺得过大，但项目初期的资金规模不过是 2.5 亿美元，和最终的债务规模相比只不过是一个零头。

　　大多数公共建设项目都有一个特点，那就是建设成本不断攀升，因为项目的各个承建方都想拿到更多的份额，都想多吃几口肥肉。供职于雷蒙詹姆斯（Raymond James）的查尔斯·勒克罗伊（Charles LeCroy）负责大部分相关固定利息权证的发行。2002年，勒克罗伊跳槽到投行摩根大通在该地区的分部，并带走了大批市政客户。

　　勒克罗伊和当地的咨询顾问威廉·布朗特（William Blount）达成了交易，让杰斐逊县政府对其所借的项目建设款项进行再融资。2002年末至2003年末，杰斐逊县政府发行了3次可变利率债券，共筹得近30亿美元，远远超过预估的2.5亿美元项目建设成本，上述债券均由摩根大通负责发行。杰斐逊县政府原本只需为债务支付固定利息，而现在却需要根据市场利率的变化调整所需支付的利息，其偿付风险显著增加。虽然这种安排能够在短期内为该县节省一定的利息支出，但从长远来看，该县将面临利率大幅上涨的风险。当然，新债发行不但让摩根大通和布朗特的公司布朗特帕里什（Blount Parrish）赚得盆满钵满，而且还让和当地行政长官沾边的机构也尝到了甜头。

　　更糟的是，杰斐逊县还于同一时期签定了一系列名义本金达56亿美元的利率掉期协议，其中大部分交易是与摩根大通达成的。

> 利率掉期是一种衍生交易合约，交易双方同意在一定时期内交换一定数量名义本金的利息支付。

利率掉期是一种衍生交易合约，交易双方同意在一定时期内交换一定数量名义本金的利息支付。这一系列交易原本是为了"锁定"该县所发行可变利率债券的利息。当然，上述交易又让摩根大通和布朗特帕里什大赚一笔。针对摩根大通的指控材料显示，"摩根大通收取的交易费用和利息比正常水平增加了数百万美元，因为该公司需要用钱铺路，打点相关政府官员，以便获得利润丰厚的合约"。据估计，杰斐逊县政府为利率掉期合约多支付了1亿美元费用。

美国证监会于2009年对勒克罗伊和道格拉斯·麦克法登（Douglas McFadden）提起法律诉讼，后者也是摩根大通的高管。控方提供的证据显示，早在2002年，勒克罗伊就写信给上司，建议摩根大通贿赂当地两家小型股票经纪公司，让它们对当地市政官员施加影响，这样摩根大通就能方便地拿到市政债券的发行合约。勒克罗伊说，贿金的数额不用很高，每次5 000～25 000美元足够了。对于这封来信，勒克罗伊的一个上司给予了积极反馈。证监会提供的诉讼材料显示，摩根大通加大了游说力度，更多的当地官员被拖下水，贿金总额高达数百万美元。

2002年夏，勒克罗伊和麦克法登盯上了两个即将于11月份卸任的政府官员，这两个人希望摩根大通将好处费打到当地的两家小型股票经纪公司的账上。控方在法庭上出示了一段勒克罗伊和麦克法登的电话录音，这两位高管在电话中讨论了如何让收款方重开发票，以掩盖股票经纪公司根本没有参与交易的事实。

2002年11月，威廉·布朗特的老朋友拉里·朗福德（Larry Langford）成了杰斐逊县委员会主席。布朗特迫切要求朗福德和高盛，而不是和摩根大通进行利率掉期交易，因为布朗特自己的公司为高盛提供咨询服务。布朗特为朗福德安排贷款，为他还本付息，还为他购买昂贵的定制服装。他所做的一切都是为了让自己的公司能够继续参与该县的债券发行和掉期交易。勒克罗伊和麦克法登与朗福德进行商谈，用数百万美元打点高盛，让它不要参与相关交易，布朗特帕里什公司则会从摩根大通的利润中分得250万美元。摩根大通用隐蔽手法将钱支付给布朗特帕里什，并且制造了虚假掉期交易合同，把好处费支付给高盛。从此以后，只要杰斐逊县发行债券或和摩根大通进行掉期交易，朗福德和布朗特就能获得丰厚的回报,当然,其他市政官员和一些华尔街公司也得到了好处。

行贿的名目让人眼花缭乱,但更让人愤怒的是,杰斐逊县通过发行债券最终筹集了 30 亿美元借款,而且该县还被投行忽悠,进行并不需要的高风险利率掉期交易。当地政府官员和商人的贪婪以及摩根大通的无情让杰斐逊县债台高筑,并最终陷入绝境。

与此同时,污水管道工程的建设也遇到了问题。2003 年的工程进度报告显示,工程建设中的浪费现象十分严重,而且建设参与方各自为政,工程建设很不协调。据估计,约有 1 亿美元账目对不上号。2005 年,美国联邦调查局展开调查,结果有 21 名县政府官员、县委会委员和承包商被判犯有受贿和行贿罪,并被处以巨额罚金和期限较短的有期徒刑。2006 年,美国证监会开始调查该县的债券和掉期交易。

2007 年,美国房地产市场崩溃。2008 年初,该县承保人的信用等级被调降,杰斐逊县的债务利息被迫上调。该县自己的信用等级也被标准普尔下调至垃圾级。上述事件让杰斐逊县达成的利率掉期交易变得难以承受,县政府必须在 4 年,而不是在原来的 40 年内多支付 8 亿美元利息。承销市政债券的银行被迫购入未出售的债券,并因此向县政府开出高额罚金。2009 年,杰斐逊县的债务成本已经从前一年的 5 300 万美元上升到了 6.36 亿美元。利率掉期本身也出了问题。摩根大通支付给杰斐逊县的利率很低,而杰斐逊县支付给债权人的利率却高出很多。该县的利息支付开始出现违约。

拉里·朗福德于 2007 年成为杰斐逊县县长。2009 年,他因为在污水管道建设项目中受贿 20 多万美元而被判有罪,并被处以 15 年有期徒刑。代人行贿的布朗特则被处以罚金和 4 年多有期徒刑。摩根大通向证监会缴纳了 2 500 万美元罚金，向杰斐逊县归还了 5 000 万美元，而且被迫放弃了向该县提出的 6.47 亿美元解约金要求。2004 年，勒克罗伊因为其他原因被摩根大通解雇。在我们撰写本书的时候，有关他的法律诉讼还在进行中。

对杰斐逊县来说，这些报应算不上什么，而且也来得太迟了。2011 年，该县宣布破产。当地的水费暴涨，灯塔关闭，学校也拿不到办学经费，这都是因为一些没有底线的政府官员被老练的华尔街骗子耍弄了。

躲过银行的魔爪

顶级银行家很有能耐，他们能对政客施加巨大的影响。银行高管很少被送进监狱，银行体系的改革很难奏效，这都是一个不能被忽视的重要原因。银行抵制改革的能力很强，办法也有很多。比如在英国，大银行几次三番威胁说，如果英国政府实施过于严厉的改革，那么它们就会离开。在欧元区，大陆银行肆无忌惮地给资信欠佳的借款人，如希腊政府放贷，因为他们相信，如果这些贷款出了问题，促成欧元区形成的政治力量不会坐视不管。到目前为止，他们的想法并没有错。为了实现欧洲统一的宏大构想，政客们不顾经济现实，一意孤行。如今的局面一团糟糕，这些政客就有不可推卸的责任，但他们却不愿面对现实。

美国人似乎痛下决心，想要好好管一管无法无天的金融机构。有人提议拆分大型银行，并将实用的银行功能与高风险活动，如投行业务分离。这样的呼声非常高，因为这些举措能保护实体经济免受金融骗术的危害。但是如此深远的金融体系改革需要各国政府的共同努力，需要各个政治力量摒弃政党偏见，给予全力支持。

　　在过去的十多年里，虽然公众对银行家的行为感到十分愤怒，但打破该行业古怪奖金文化的举措却依然没有实施。这无疑加大了该行业的道德风险，此种不作为也不能用吸引人才的理由加以解释。过多的奖金不但会激励金融从业人员甘冒风险，而且还会鼓励他们藐视旨在确保金融系统稳定的各项规则。如果这种情况不加以改变，那么另一次大危机必然会在未来一二十年内发生。

第 9 章
缺失的尽职调查

尽职调查：

1. 哈理·马科波洛斯

通过专业细致的分析，发现麦道夫是个彻头彻尾的大骗子。

如果你具有一定分析能力，但却抱怨调查工作太辛苦，希望找一个值得信赖的人为你完成繁重的工作，此时，像麦道夫这样的人就会出现在你身旁。

为什么要做尽职调查

当然，谁也不希望自己因为梗着脖子，说出皇帝什么衣服也没穿的真相而丢

掉大好前程……

麦道夫案的告发者，哈里·马科波洛斯

如今的投资者被有关市场、行业和公司的各种信息包围着。这些信息即便你用一生时间去处理也消化不完。因此，许多投资者要么干脆什么也不听，什么也不看，凭直觉进行投资决策，要么彻底向兜售产品的各个金融机构缴械投降，他们说什么就信什么。但在现今这样一个将客户利益踩在脚下的时代，你又怎么能不假思索地相信金融产品销售人员的话呢？投资者应该尽其所能，努力开展尽职调查。尽职调查的含义就是独立验证有关投资选择的各种关键因素，并充分考虑各种可能存在的风险。

让我们来看一看尽职调查在实践中到底有什么用。一家公司，我们暂时称其为公司甲，为客户提供网上投资组合管理服务。投资标的仅限于交易所交易基金（Exchange Traded Fund，ETF），这是一种较新的集合投资工具，据说拥有透明、直观和费率低等优点，而且越来越受广大投资者的欢迎。虽然我对 ETF 有所了解，但却从未花时间好好研究过它的运作机制。公司广告所突出的 ETF 优点，即便捷、低费率和易跟踪吸引了我的注意力，我觉得有必要对其进行深入了解。

尽职调查就这样开始了：最重要的是，我需要了解相关投资的本质是什么。

虽然我在地铁里看到的广告不能给出这个问题的答案，但该公司网页显示，他们提供的实际上是决策服务，理财顾问会根据客户的投资目标为客户决定买入或卖出何种 ETF。虽然这种决策服务本身没什么错，但它的确削弱了客户的决策权，所以我马上将这一点记在笔记本上以便稍后深入调查。

此外，有关该服务的地铁广告描绘了这样一副画面：一个二十来岁的姑娘用笔记本电脑愉快地管理着自己的投资组合。这则广告向大家传递的信息是，你无需对投资的内容和风险进行深入了解，就能轻松使用该服务。这一宣传让我感到有些不安，倒不是说这家公司有欺诈嫌疑，只是这种过于以顾客为导向的宣传风格不太适合我的口味。没错，我的确喜欢化繁为简，但却不喜欢别人越俎代庖。

我开始阅读有关 ETF 的资料，并很快发现此类产品存在争议。《金融时报》刊载的一篇文章引用了一位基金经理的评论，他对此类产品提出了严厉批评："毫无疑问，ETF 产品被错误地销售给不具有相关知识的个人投资者，有关 ETF 运营、构建、交易和持有的风险并没有被充分地认识到。"英国金融服务监管局发布的一份资料简报讨论了交易所交易产品（Exchange Traded Product，ETP）的风险，并解释说，虽然大多数 ETP 是基金（如 ETF），但也有一些是债务证券，我很快在笔记本上记下这一点，以便进一步核查。因为我已经注意到公司甲的网站提到了大宗商品投资，金融服务监管局将其作为一种债务证券 ETP。后来我又注意到，2012 年，瑞银交易员阿多博利（Kweku Adoboli）因为违规交易，造成瑞银 23 亿美元损失而被判犯有诈骗罪，其交易标的就是 ETF。这也会是我的一个调查重点。我开始大量阅读有关 ETF 和 ETP 优缺点的文章，并发现汇丰银行只向个人投资者提供实物 ETF，"因为这种产品比较容易理解"。而合成 ETF 则"投资于定制的衍生产品或掉期，以拟合相关指数或股市的走势"。我很清楚自己不该投资合成 ETF，所以需要搞清公司甲的投资标的中是否包括此类产品。

经过数小时的研究，我心里多少有点数了。我决定行使个人投资者所拥有的一项特权，那就是等等看再说。我或许会再找时间进行决策，或许会把这个问题撂在一边，就此不再过问。没人逼问我为何不采取行动，我也不需要向任何人说明我的决定。这种特权是金融从业人员无法享受的，它让我感觉良好！

就目前我所掌握的材料而言，ETF 虽然看似非常简单，但实际上却非常复杂。一些指数跟踪型 ETF 所跟踪的指数竟然是服务提供商自己创造的，我非常讨厌这一点。正如金融服务监管局所指出的那样："如果指数编制机构隶属于 ETP 提供商，那么相关产品有可能是为了最大化服务提供商利益，而非投资者利益而设计的。"金融服务监管局发布的这份文件是为投资顾问准备的，其中包含了很多有关各种投资风险的技术问题，内容非常丰富。如果我想进一步开展调查的话，这些问题将成为调查重点。

大多数情况下，你在做尽职调查的时候，很快就会得出"退出"或"离场"的结论，因此调查的工作量其实没有看起来那么吓人。只有当一切看起来不错，你打算投入真金白银的时候，更为深入

> 如果你具有一定分析能力，但却抱怨调查工作太辛苦，希望找一个值得信赖的人为你完成繁重工作，此时，像麦道夫这样的人就会出现在你身旁。

的调查才有必要展开。这时候，你真的需要花一些时间和精力来做功课，但却无需聘请那些外表光鲜的律师和分析师，所以调查成本并不高。如果不会，也不愿进行此类分析，你很可能连这本书也不会看上一眼。如果你具有一定分析能力，

但却抱怨调查工作太辛苦，希望找一个值得信赖的人为你完成繁重工作，此时，像麦道夫这样的人就会出现在你身旁。

当然，个人投资者的能力有限，不可能什么都会。比如，除非你恰好是一位专业的投资律师，否则很可能搞不清一切相关法律问题。除非你是一位期权专家，不然很可能无法完全理解麦道夫所说的价差执行转换套利策略。但我们有健康、专业的金融媒体，总有懂行的高人会撰写文章，为你指点迷津。当然，也会有一些不学无术之辈混迹其中。但通过训练，你一定能够学会去伪存真。

2008 年曝光的麦道夫丑闻让公众感到十分惊讶，但正如我们在第 3 章看到的那样，2001 年就有人在金融期刊上撰文怀疑麦道夫，其中一篇是刊登在 *MARHedge* 杂志上的《麦道夫拔得头筹：他是怎么做到的》，另一篇则是刊登在《巴伦周刊》上的《不要问，也不要说》。你当时或许无法在网上找到第一篇文章，但第二篇文章其实不太容易被错过。顺便提一句，个人投资者应该阅读一些水平较高的金融投资专业杂志和学术期刊，即便你无法完全理解相关文章的内容。主流媒体为了增加文章的可读性，往往会简化专业性较强的内容，所以参考价值不高。

那么个人投资者应该如何从这两篇文章中获取有关麦道夫投资运营的信息呢？《不要问，也不要说》这篇文章告诉我们，麦道夫是纳斯达克的顶级做市商，他在纽约证交所也极为活跃。但公众不太了解的是，他还管理着富人的 60 多亿资产。到目前为止，一切看起来都还不错，但有一点值得注意：

在过去十几年里，麦道夫管理的这些私人账户获得了 15％的复合年平均回报率。更不可思议的是，麦道夫旗下一些规模达十亿美元的大型基金连年盈利，从不亏损。

他竟然连一年都没亏损过？还连续 10 年获得了 15％的高回报？至少，我们需要知道他是如何做到这一切的。这篇文章简明扼要地叙述了麦道夫的价差执行转换套利策略在理论上是如何盈利的，但又说有人猜测麦道夫用做市所获利润来"熨平"旗下基金的投资回报。如果真是这样，问题可就大了，但是麦道夫的公司对此予以否认。不过这篇文章接着引述了一些怀疑者的观点，他们都认为麦道夫的策略无法获得那么好的投资回报。麦道夫当然说他们都错了。文章随后开始讨论麦道夫的神秘举止。一位从他那里撤资的投资经理说："当他无法解释特定月份的投资回报时，我把资金抽了回来。"所以我们还是不明白麦道夫的骄人成绩是如何获得的。光是这一点就足以引起我们警觉。你或许还想继续调查下去，但至少不应该像一些受害者那样，将自己的所有积蓄都托付给麦道夫。

MARHedge 杂志刊载的《麦道夫拔得头筹：他是怎么做到的》这篇文章的篇幅更长，技术性很强，但其主旨非常明确，那就是许多投资专业人士不相信麦道夫能用价差执行转换套利策略，连续 11 年获得如此优异且稳定的回报，因为在通常情况下，相关回报的波动性更大。大家应该注意到，这两篇文章都没提到"欺诈"两字。一般来说，除非已经有人被捕，否则负责任的金融媒体不会高呼"小心欺诈"。但这篇文章已经列出了尽职调查的核心问题，那就是没人知道麦道夫是如何做到的。上述疑惑足以让我远离麦道夫，我可不想不明不白地投资，即便这样做会让我损失一些丰厚的利润。这让我回想起了 1720 年爆发的南海泡沫事件，当时有人用一些说不清道不明，但据说可以赚大钱的生意吸引民众投资，结果这些骗子把所有的钱财都卷走了。

书呆子哈里·马科波洛斯的检举

哈里·马科波洛斯是一个不讨人喜欢的书呆子，他恰巧还是一个数学奇才和注册金融分析师（Chartered Financial Analyst）。2005年，他以一个衍生品交易专家的身份写信给美国证监会，声称自己有过"利用和不利用股指和个股认沽期权管理价差执行转换产品的经验"，并说"世界上很少有人拥有管理此类产品的数学功底，但我是其中之一"。

我们已经在第3章提到过，2000年到2008年间，马科波洛斯不断接触证监会，称有证据显示麦道夫的投资运营有问题。这场持久战刚开始的时候，马科波洛斯在波士顿的一家小型期权交易公司工作。这家公司和麦道夫的公司存在一定的竞争关系。1999年，马科波洛斯的老板让他想办法模拟麦道夫的操作手法，并希望能够以此来吸引顾客。在2011年的一次电视采访中，马科波洛斯说，自己第一次检验麦道夫的投资数据时，只花了5分钟就看出这是一个彻头彻尾的骗局。马科波洛斯查看的是布罗伊希尔全天候基金（Broyhill All-Weather Fund）（麦道夫的喂款基金之一）印发的单张宣传资料。这份材料描述了麦道夫的投资策略，并列出了麦道夫1993年至2000年3月间的月度投资回报。

让我们看一看，专家是如何在短短几小时内揭穿了麦道夫的把戏的。马科波洛斯说，自己之所以那么快就产生怀疑是因为宣传材料所描述的投资策略很难保证月度投资不发生亏损。马科波洛斯说他曾经实施过相似的期权投资策略，实践经验告诉他，像麦道夫那样在绝大多数月份都赚钱是不可能的。随后，他将宣传资料上的数据输入表格，并发现麦道夫似乎没有搞清楚应该将哪个指数作为基准，他把标普 500 和标普 100 指数搞混了，两者的走势差异很大。马科波洛斯发现，麦道夫的投资回报和标普 500 指数的相关性很低，相关系数只有 6%。更重要的是，在 87 个月的时间里，虽然麦道夫只有 3 个月发生了亏损，但标普 500 指数却有 28 个月下跌。

马科波洛斯后来从芝加哥商品交易所（Chicago Board of Trade）获得了与标普 100 指数挂钩的期权交易数据，因为麦道夫一直声称通过交易复制该指数，虽然他一直在参考标普 500 指数。马科波洛斯发现，现有期权交易数量根本无法满足麦道夫的交易需求。只有两种可能的解释。麦道夫要么非法进行抢先交易，他可能在为客户执行大单交易前的几分钟，先用自己的账户交易获利。马科波洛斯通过进一步数学建模发现，如果麦道夫将全部非法所得转回相关基金，那么他的非凡表现在理论上是可以成立的。2000 年和 2001 年，马科波洛斯认为这是最说得通的一种解释，但随着麦道夫所管理基金规模的不断扩大，这种解释已经站不住脚了。不过在随后的许多年里，证监会依旧沿着这个方向开展调查。

第二种解释是，麦道夫根本就没有进行投资，而是编造数据，实施规模空前的庞氏骗局。这一猜测最终成了事实。

很多大型金融机构把钱交给麦道夫打理，难道就没有人发现他的破绽吗？2011 年，马科波洛斯在接受电视采访时说，这些机构，特别是来自欧洲的金融机构，知道麦道夫是个骗子，但他们认为，麦道夫在用经纪自营商业务的利润来贴补基金。马科波洛斯觉得，这些机构之所以默不作声，不闻不问，是因为如果他们明知麦道夫有问题，却还将客户的资金喂给他，那么将成为他的共犯。但这些机构为什么要坚持这么做呢？马科波洛斯给出的答案是，麦道夫支付的佣金很高，上述机构不想丢掉这块肥肉。

关于基金和基金之基金

麦道夫案的许多受害者是因为投资于给麦道夫喂款的基金而遭殃的。据称，他们并不清楚自己的钱财最终由麦道夫打理。这说明此类基金非常缺乏透明度，那些受害者显然没有开展深入的尽职调查。但喂款基金和基金之基金（只投资于其他基金的基金）还有一个问题，那就是它们增加了一层费用。上述费用很可能会抵消此类投资方式带来的额外收益，并显著减少总体投资回报。正如我们先前所看到的那样（详见第 6 章），我们有充分理由质疑基金经理给客户带来真正价值的能力，因为他们中的大部分跑不赢大盘。所以，对真正的低费率指数基金进行长期投资有可能获得更好的回报。不幸的是，现在有许多指数基金并没有跟踪真正的股指。

英国分析师特里·史密斯（Terry Smith）于 1990 年出版了一本好书，名叫《成长的会计秘籍》（*Accounting for Growth*）。当时有许多高成长公司通过做假账来操控财务数据，该书对相关欺诈手法进行了详细披露。史密斯最近做了一次有趣的分析：如果巴菲特在管理伯克希尔哈撒韦的时候，像基金经理那样抽取行业标准佣金，而不是像现在这样和股东分享利润，那么情况又会怎样呢？大家都知道，巴菲特获得的长期投资回报非常优秀。近年来，伯克希尔哈撒韦的投资回报率的确有所下降，但这是意料之中的事情，因为公司规模太大，巴菲特很难再找到能够提高整体回报率的投资项目。如果你在 1965 年把 1 000 美元交给巴菲特，那么到 2009 年的时候，你就能拿回 480 万美元。即便在剔除通胀因素后，这依然是个非常了不起的成绩。史密斯说，如果巴菲特把公司当成基金，并收取相当于资产规模 2% 的管理费，外加 20% 的利润提成，那么上面提到的 480 万美元中将有 440 万流入巴菲特的腰包，作为投资者的你只能拿到区区 40 万。但天下又有几个基金经理能达到巴菲特的投资水平呢？所以你可能连 40 万都很难拿到。

对投资者来说，任何费用都是坏事，因为投资回报会被削弱。虽然一些费用是不可避免的，比如你不可能免费买卖股票，但基金费用是绝对可以避免的。你要做的就是不购买基金！虽然投资指数基金也需要付费，但此类基金的总费率，也就是投资总成本，可以低至 0.27%，比一个百分点的 1/4 略高，大部分人是可以承受的。指数基金当然跑不过大盘，一些基金经理的确能在较短时期内跑赢大盘，但却无法像巴菲特那样，将好成绩保持数十年之久。遗憾的是，现在再投资伯克希尔哈撒韦已经晚了，因为它的规模已经非常庞大了，而且当巴菲特退休或过世后，很难有人能将这个神话继续下去。

关于尽职调查我还有一点需要强调，那就是投资者要为自己的一生进行投资。基金和基金经理只是匆匆过客，而且如果他们只想着快点拿巨额奖金，那么投资者还将面临巨大的道德风险。

尽职调查永远都很重要

不管销售人员如何拍胸脯作保证，你都需要尽最大努力完成尽职调查。人们在买房的时候往往会左看右看，东查西查，还会花钱请专家，如律师和测量人员，进行一些自己无法完成的工作。虽然有些人图省钱，不愿花钱进行完整的结构勘测，但大多数人都明白这种做法是捡芝麻丢西瓜。明智的购房人还会邀请信得过的建房专家，让他们帮忙看看新房有哪些地方还需要做一些必要的改动。聪明人会仔细了解周边环境，和当地居民交谈。还会在一天的不同时段前来看房，这样才能知道周边高峰时期的交通堵不堵，晚上的噪音大不大。他们还会比较房价，研究规划问题。简而言之，人们在买房的时候非常小心谨慎，这不仅是因为人们不想被骗，而且还因为大家想搞清楚自己未来的生活环境到底是怎样的。这才是尽职调查！但人们在进行金融投资的时候可就没有那么挑剔了，这真的非常不明智。

在开展尽职调查的时候，你不光要防止自己被骗，而且还要确保搞清楚自己将进行何种投资。比如，一些 ETF 产品或许的确适合你，但如果你没有弄懂这种金融产品的运作机理，那么意料之外的不利情况就有可能会发生，所以你一定要搞清楚自己买的是什么。让我们再用买房打个比方，你不会因为律师或测量人员的极力推荐就轻易出手，是不是这样呢？金融行业内的确有一些懂行的资深顾问和经纪人，但你碰到的大多数从业者很可能只是接受过一定训练的底层销售人员。虽然他们在推荐产品之前会根据规程了解你的个人情况和风险偏好，但他们推荐的产品并没有你想象的那样定制化，你甚至会买到根本就不需要的高风险产品。所以，千万不要因为身边有了理财顾问就不用大脑思考了！

THE CON MEN

A HISTORY OF
FINANCIAL FRAUD
AND THE LESSONS
YOU CAN LEARN

第四部分

如何避免被骗

第 10 章
基金并不全都一样

欺诈案例：

1. 电话交易所欺诈

这些人精力旺盛，不请自来，想尽各种办法引诱你上钩。

2. 巴尤对冲基金欺诈

采用返还佣金，移花接木的方式掩盖巨额亏损。

无数研究证据显示，大多数基金无法持续跑赢大盘。而基金成立的前提假设是，善于选股的基金经理能够击败市场。

电话交易所的受害者难获同情

我是一个不折不扣的骗子。不管我说什么都别相信。

巴尤对冲基金创始人，山姆·伊斯雷尔

就欺诈而言，英国单位信托基金和投资基金的安全记录非常优秀。单位信托基金和投资基金行业协会（Association of Unit Trusts and Investment Funds）的资料显示，上述基金的英国投资者无一人因欺诈而遭受损失。因为在很长一段时间里，英国金融业的监管很严，行业的自律水平也较高，他们不想杀死这只能生金蛋的鹅。单位信托基金的监管尤其严格，它们对非上市公司的股权投资有严格限额，投资项目的数量也有上限，而且不能举债或在市场上卖空。上述举措不但让欺诈难以发生，而且还可以防止此类基金因为市场崩盘而突然遭受重大损失。

进行诈骗的主要是第三方组织，特别是被称为电话交易所的诈骗销售组织，他们在金融监管较松的其他国家开展活动。一旦这些骗子发现了比较容易上当的潜在目标，后者就很难逃出他们的魔掌，每年都有数以百计的投资者花大价钱买入一文不值的股份。这些骗子有时会声称自己正在销售在英国注册的某只基金，但实际上，他们所说的基金只不过是和特定基金名字相似而已，其注册地在海外，而非英国。电话交易所的受害者很难获得我们的同情，因为他们完全可以避免上当的。

我每年都会接到数个来自电话交易所销售人员的电话，他们一般会在数周时间内连续进攻。通常我会耐心地听他们能说些什么。这些人精力旺盛，而且想尽各种

142

办法来说服你，但他们描述的投资项目总是漏洞百出。他们给出的高回报已经超出了金融监管当局所允许的范围。他们还会说这些项目以前只供高端人士进行投资，并反复强调过了这村就没这店了。至于他们的基金为何没有在英国注册，这些骗子会编造出各种理由，但无一可信。他们给出的信息都无法验证。他们描绘的盈利模式简直是在侮辱我的智商。最重要的是，他们不请自来（这么做是为了让你忘记他们）。正规从业人员只有在你向他们咨询时，才会介绍相关投资产品。所以如果有人莫名其妙地打电话邀请你投资，那么你可以直接把电话挂掉。

上文提到的这些骗子并不是英国本土基金行业的错。只要投资者不碰到这些骗子，在英国本地注册的基金还是能让人放心的，但这并不意味着基金是好

> 如果你对其他基金的表现感到不满，但又不想花时间理财，那么指数基金无疑是一个不错的选择。

的投资选择。无数研究证据显示，大多数基金无法持续跑赢大盘。而基金成立的前提假设是，善于选股的基金经理能够击败市场。统计数据显示，在较长一段时间里，大多数基金经理无法做到这一点。越来越多的投资者了解到这一点，指数型基金因此变得越来越流行，此类基金机械地拟合特定指数，如富时 100 指数的走势，所以费率很低。如果你对其他基金的表现感到不满，但又不想花时间理财，那么指数基金无疑是一个不错的选择。

新型基金的崛起

近些年来，一种新型基金非常吸引眼球，那就是对冲基金。和大多数传统基金不同，这种基金基本上没有投资方面的限制，所以可以承担很高的风

险。在其他条件相同的情况下，高风险意味着高回报，所以成功的对冲基金能够产生丰厚的回报。但除了高回报以外，和高风险挂钩的还有巨额损失，因此不成功的对冲基金也会让你损失惨重。换言之，高风险意味着投资回报的波动增大。

史上第一个对冲基金据说是由《财富》杂志记者阿尔弗雷德·温斯洛·琼斯（Alfred Winslow Jones）于 1949 年建立的。琼斯与人合伙，投入 10 万美元资本，试图用对冲策略获利。此处的对冲策略是指购买看涨的股票，卖空看跌的股票。和大多数今天的对冲基金一样，琼斯的基金也要提取 20％的利润，而且限制赎回（资金有一定的锁定期，赎回时需要预先通知）。有人反对对冲基金，他们的理由是，基金经理分享利润，但却不承担潜在损失。不过对冲基金经理一般也会将自己的大笔资金投入基金中，他们的利益和投资者的利益相对一致。此外，琼斯基金还有一个特点也适用于今天的对冲基金：他们的目标客户是富有且老道的投资者，这些投资者充分了解了自己所做的投资有多大风险。对冲基金一般不做广告，而是私下接触投资者，这样就能避开大多数监管限制条件。

琼斯的基金表现很好。1949 年到 1968 年间，该基金的总投资回报高达500％。许多富人因此而变得更加富有。该基金的客户中有许多是金融业的高层人士。20 世纪 60 年代，又有一些对冲基金横空出世，其中包括索罗斯和罗杰斯负责运营的成功基金。这些基金中有许多并没有使用琼斯的对冲策略，而是使用了高杠杆，追求不同的投资目标（高杠杆的使用同时增加了潜在风险和回报）。70 年代，股市一片萧条，对冲基金几乎销声匿迹。随着 80 年代金融监管的放松，对冲基金又活跃了起来。索罗斯建立的量子基金（Quantum Fund）甚至成功狙击英镑，迫使英国退出欧洲汇率机制。

20 世纪八九十年代，对冲基金虽然只有 150 只左右，但人们普遍认为它们在全球金融市场中发挥了有益的作用，因为它们不会放过任何由某种原因，如某国政府政策造成的市场低效，并坚决以此谋利，直至相关因素被彻底消除。这些大鳄被认为是真正懂市场，而且了解自己在干什么的人。由于对冲基金并不吸引普通民众的资金，即便它们缺乏透明度，而且几乎不受监管，也没有人觉得它们会成为大问题。

20世纪90年代，投资规模宏大的长期资本管理公司（Long Term Capital Management，LTCM）成立，该对冲基金准备利用诺贝尔经济学奖得主设计的模型进行投资。具体来说，他们在不同市场对不同种类的资产进行对冲操作，而且还充分利用各种衍生交易工具。不过该基金主要投资于各国政府债券，并下注各国的利率水平会趋于一致。1994年到1998年间，该基金的年回报率超过40％。1998年，俄罗斯政府债券发生违约。据估计，这一灾难让长期资本管理公司损失了60亿美元。但损失并没有就此打住，由于该基金使用高杠杆，其持仓量高达一万亿美元，全球金融系统因此受到了严重威胁。在政府授意下，美国大银行出手相救，长期资本管理这才停止大出血，并赢得了处置所持有复杂资产的时间。虽然自由市场的激进支持者对救援行动进行了猛烈抨击，认为这么做会催生更多的道德风险，但如果该基金真的崩溃，麻烦可就大了，因此美国政府当时所做的决定很可能是正确的。

就这样，20世纪90年代的对冲基金因其规模巨大、投资激进、风险水平高而成了市场的不稳定因素，特别是衍生工具的过度使用让它们的潜在风险变得难以评估。但由于市场需求巨大，对冲基金放宽了客户的遴选标准，将普通投资者也纳入其内，而不只是吸引高端、资深、富有的投资者。2000年到2011年间，对冲基金的数量激增（从全球4 000个增长到将近10 000个），而对冲基金的规模也从 1 万亿美元上升至将近 2 万亿美元，2007 年的峰值则高达 2.5 万亿美元。虽然对冲基金并没有将目标客户设定为最不懂行的投资者，但很多参与其中的投资者即便是很有钱，也未必掌握了相关金融知识，未必了解自己在干什么。新一代的对冲基金还吸引了机构投资者，其中包括其他基金。

在基金经理眼里，对冲基金可是个香饽饽。作为基金经理，你不但能够抽取 20％的利润，而且还可以收取 2％的管理费，要知道当年琼斯可没有收过管理费。而且投资者的资金还有一定的锁定期，期限通常为一年。此外，投资者只能在固定日期进行赎回。因此，与单位信托基金相比，对冲基金拥有极大的投资自由，因为投资者不会突然蜂拥而至，赎回本金。由于不像其他基金那样受到严格限制，对冲基金可以在世界任何地方进行任何种类的投资，无论相关产品有没有成熟的市场。只要对自己有信心，对冲基金经理当然不介意从巨额奖金中拿出一部分钱投入基金，边干边学。

有人认为，上述投资自由就是造成对冲基金潜在问题的罪魁祸首。这个结论下得太早了。对冲基金可以选择的策略有很多，其中包括多空仓、"宏观对冲"（在不同市场大幅持仓以期待重大事件的发生）、事件驱动，如利用兼并收购套利，以及"相对价值"套利策略，即使用复杂模型发现价格错配的金融工具。一些基金使用多重策略。最近，专职投资于其他基金的基金之基金诞生了。虽然这种基金降低了投资对冲基金的门槛，让拥有较少资金的投资者也能参与相关投资，但我实在看不出这种基金有什么价值，因为它们会多抽一层管理费。

英国金融服务监管局的一项研究承认对冲基金的确存在系统性风险，但认为该行业的问题并没有大家想象的那么严重。在英国，虽然对冲基金经理受到一定的监管，但除了不能吸引公众资金外，对冲基金本身受到的限制十分有限。在美国，对于对冲基金的监管也比较松，规模较小的对冲基金或许不需要在证监会注册，也不需要向公众发布报告。透明度的缺乏以及投资者保护的缺失为欺诈提供了便利，让投资者处于危险之中。虽然一些欺诈涉嫌对冲基金，但固定的欺骗模式并没有形成。透明度的缺乏为各种欺诈的实施提供了可能。

涉嫌欺诈的对冲基金包括雄狮资本管理（Lion Capital Management），这家位于旧金山的的对冲基金骗走了一位退休教师 50 多万美元。还有一位投资经理通过一系列对冲基金实施庞氏诈骗，涉案金额达 3 700 万美元。在其他一些案件中，基金经理通过夸大特定资产（通常是没有成熟市场的资产）的价值来隐藏自己的投资损失。

巴尤对冲基金欺诈

如果不算麦道夫，那么制造史上最大对冲基金诈骗案的应该是巴尤对冲基金。该基金于 2006 年崩溃，拖欠投资者约 3 亿美元。基金创始人山姆·伊斯雷尔（Sam Israel）来自一个著名的金融世家，虽然他的长辈中有不少是知名的大宗商品交易员，但山姆是从华尔街底层做起的。他于 1996 年成立了自己的对冲基金，并使用自主开发的软件进行交易，这款名为"正向传播"（Forward Propagation）的软件据说能够给出准确的短线买入信号。

1996 年，新一轮牛市开始了，而资金规模不到 100 万美元的巴尤基金却亏损了 14%。接受审计时，伊斯雷尔和公司会计师丹·马里诺（Dan Marino）知道公司碰到了麻烦。如果基金第一年就出现亏损，那么他们很可能就要关门大吉。马里诺想到了一个办法。除了对冲基金以外，巴尤集团还有一个为下属基金执行交易的经纪自营商。如果后者将佣金全部返还给对冲基金，情况又会怎样呢？佣金的数额是基金亏损额的两倍多。负责独立审计的均富会计师事务所（Grant Thornton）接受了这一提议，所以该基金这一年在账面上非但没有亏损，而且还赚了不少钱。

第二年，巴尤基金又如法炮制。但1998年的亏损额实在是太大了，这个移花接木的办法已经没用了。伊斯雷尔和马里诺想出了新招。马里诺成立了一个看似独立的里奇蒙-费尔菲尔德会计师事务所（Richmond-Fairfield），并使其成为该基金的审计机构。马里诺随后便明目张胆地作假账，粉饰太平。他们就这样一直干到了2005年，这时，集团管理的资金规模已经达到了4.5亿美元，对冲基金个数也由一个变成了几个。伊斯雷尔和马里诺开始肆无忌惮地花投资者的钱，他们主要通过经纪自营商收取高额佣金来转移资金。靠止痛药过活的伊斯雷尔似乎已经脱离了现实，基金的投资方向变得越来越离奇，风险也越来越大。2004年，一个名叫罗伯特·布斯·尼克尔斯（Robert Booth Nichols）的人自称是政府特工，他向伊斯雷尔介绍了一个神秘的投资项目，伊斯雷尔竟然向这个神秘的德国投资项目注入了1.2亿美元。实际上，这已经是他的最后一搏。当年4月，伊斯雷尔和马里诺就已经停止了基金的交易，并将剩余资金转入了一个账号进行疯狂投资，而罗伯特的项目是他们的最后一笔交易。

2005年7月，伊斯雷尔和马里诺向投资者们发出信函，说基金已经清盘了，投资者很快就能收到本息。8月，投资者收到了支票，但却无法兑现。证监会随即介入调查。一切都结束了。伊斯雷尔被判20年有期徒刑。他弃保潜逃，试图制造自己死亡的假象，但却失败了。为此，他的刑期又被增加了两年。

早在1995年，一个名叫本杰明·德斯切内（Benjamin Deschain）的对冲基金分析师就对巴尤基金做过尽职调查，他想知道自己的客户是否会对该基金感兴趣。德斯切内发现基金的姐妹公司担任其经纪商，这可不是一个好兆头。他试图与伊斯雷尔和马里诺会面，但对方却敷衍了事。他向伊斯雷尔的老雇主打听他的情况，但对方却说不知道有这个人。伊斯雷尔给自己的履历注水，虚报职务。分析师随后向基金索取招募说明书，但却被告知，他们从未发布过此类文件，只是给投资者印一点宣传资料。德斯切内就此停止了自己的调查，虽然他没有证据证明该基金实施诈骗，但却觉得他们一定有问题。

德斯切内只是做了初步调查。如果该基金看起来值得投资，他会进行深入调查，那么隐藏的严重问题就会浮出水面。但关键是德斯切内根本不需要这么做，他觉得不对劲儿的地方已经够多了，于是巴尤基金很快就被剔除。任何投资者至少应该花一些力气做一下此类调查。专业投资人士在初步调查过程中因为觉得不对劲而远离骗子的故事还有很多。这是投资者手中的王牌，如果某项投资让你感到不满，你完全可以安静地离开，去别处选择更好的投资项目。

伊斯雷尔起初是想好好做对冲基金的。但平均律告诉我们，一些基金一定会发生亏损，而巴尤基金就是其中之一。这或许是因为他们运气不好，或许是因为伊斯雷尔没有准确解读程序发出的指令。如果伊斯雷尔没有持续亏损，移花接木，返还佣金的办法或许能够奏效。但当他和马里诺设立虚假会计师事务所，开始做假账的时候，他们便彻底滑向了犯罪的深渊。8 年来，他们定期发布报告，包括每周一次的电子通讯，告诉投资者基金表现良好，但没有人核查审计机构的资质。有心人一定会发现，作为主要负责人的马里诺出现在该事务所的一些文件上。只要我们下点功夫就不难发现，伊斯雷尔有包括酒驾在内的一系列不良记录，而且他给自己的履历注水。每个小污点本身或许算不上大问题，但这一连串不轨行为至少应该引起人们的怀疑。巴尤案最让人震惊的地方是，许多投入巨额资金的公司根本没有开展有效的尽职调查。

如何避免对冲基金欺诈

由于对冲基金受到的监管很少，所以他们应该只接纳真正懂行的投资者。随着此类基金数量的不断增长，有钱成了遴选投资者的唯一标准。英国顶级大学的一位教授及其妻子刚退休不久便倾家荡产，因为他们投资的对冲基金合法破产了，这两个可怜的老人已经不在人世。虽然他们有钱，智商也很高，但却没有兴趣，也没有相关知识去评估对冲基金投资的风险到底有多大。

英国金融服务监管局相信，由于监控缺乏和奖金丰厚，对冲基金业发生欺诈的可能性正在增加。金融服务监管局发布的一份报告列举了一些涉案金额巨大的对冲基金欺诈案，如巴尤基金欺诈案，还提出了对于此类基金的离岸监管问题，因为很多基金的注册地在海外。这份报告说明，透明度的缺乏为伪造账目的基金经理提供了掩护。

虽然大多数对冲基金经理或许是诚实的，但透明度的缺乏让理性和审慎的投资者很难对基金的价值和风险进行评估。个别对冲基金和基金经理所获得的成功让此类投资变得非常有吸引力（但作为一个整体，对冲基金的长期投资回报率并不出众）。与其他类型的投资，如受到严格监管的单位信托基金相比，对冲基金需要潜在投资者花费更多的时间和精力开展尽职调查。虽然此类调查不能保证你不受骗，但一些骗子的手法算不上完美，只要你花点心思，问一些简单的问题，他们就会露出马脚。还有一些公司会为客户提供有偿的尽职调查服务，如果你有进一步调查需要的话，可以考虑请他们帮忙。无论如何，你在开展调查的时候必须采取下列措施：

> 仔细阅读招募说明书和投资合同。

> 确认基金管理的资产确实存在。

> 确认基金资产托管人独立于基金经理。

> 验证基金审计师和律师的真实性。特别需要确认审计师是独立的，拥有丰富的对冲基金审计经验，而且审计报告中没有保留意见。

> 在监管机构官网上核查相关基金和经理的信息。

> 对基金经理的推荐人进行核查，如果有可能的话，逐项核对基金经理的履历。他们真的有资格实施相关对冲基金的投资策略吗？

> 仔细阅读基金财务报表。密切注意流动性差、种类独特的资产。评估投资回报特征，如果基金的月收益很少发生亏损，那么你就要注意了。

> 尽可能和与该基金有关的人士交谈。

有一天，当我们回过头来看，或许会觉得今天的对冲基金狂潮非常可笑。一些公司甚至会为客户提供设立对冲基金的一条龙服务，这说明有一大批不具备资质的个人想成为对冲基金经理。大多数对冲基金经理配不上他们所获得的丰厚奖金。新对冲基金的失败率很高，每5只基金中就有一只活不过第一年。2000年到2012年间，对冲基金的平均总回报率只有17%，而基金经理却赚了个盆满钵满。过去10年里，有9年对冲基金综合指数HFRX的表现逊于标普500指数。这并不意味着对冲基金业不会像20世纪八九十年代那样自主转型，并获得更好的投资回报。考虑到透明度的缺乏和高企的欺诈风险，投资者还是小心为妙，并在做出投资决定之前认真开展尽职调查。

第 11 章
所有账本都有问题

欺诈案例:

1. 疯狂艾迪

　　伪造销售记录，对审计师撒谎，夸大存货量，隐匿债务，最终锒铛入狱。

2. 安然丑闻

　　使用"商人"模型，尽快跑马圈地，同时以特殊目的实体的离岸公司隐匿巨额债务。

　　上市公司改动财务报表的自由度很大，无论规模大小，上市公司都有很多机会实施令人震惊的诈骗。

法律差异

我们没有违反法律。

安然公司 CEO，肯尼思·莱

虽然国际财务报告准则（International Financial Reporting Standards，IF-RSs）正在各国推行，但大多数人没有意识到，全球统一的会计标准并不存在。这让我们很难对不同的国家，甚至是同一国家的相似企业进行比较。比如，通过分析财报来挑选低估值股票的方法通常只适用于美国公司。在这一章中，我们将探讨上市公司的财报问题，以及辨别财报作假的方法，而且我还将介绍两大反面典型案例，那就是疯狂艾迪和安然，在破产前的许多年里它们一直在造假。

世界各国影响股东权益的法律差异巨大，但大多数个人投资者并不了解这一点。虽然英美有关上市公司的法规非常相似，但其他国家的相关法规却有着很大的不同。这会产生许多复杂且难以预料的影响。比如，你或许看得懂英国上市公司的财务报表，但可能并不清楚，该公司的巴西分支机构可以进行一些被英国禁止的操作，因此你对这家公司的认识有可能会被扭曲。

商法要么源于普通法（主要在英国和美国的大部分地区实施），要么源于大陆法（大陆法来源于罗马法，在欧洲许多国家实施）。大多数较新发达经济体所采用的商法都以这两种法律体系中的一种作为底本，并配以调解制度。比如，马来西亚、香港和新加坡的金融市场监管法律就以英国法为基础，韩国和日本的相关法律则以德国法为基础，巴西、意大利和土耳其的相关法律以法国法为基础。上述差异非常重要。总体来说，英国法对于少数股东权益的保护比其他法律系统好得多，法国法在这方面的保护最差。比如，在法国法体系中，少数股东只有有限投票权是非常普遍的现象。

从投资者角度看公司治理

巴菲特说他只喜欢投资诚实守信的公司，希望公司高管为人正直，品格高贵；但他也说，这样的公司并不好找。作为投资者，我们听惯了公司高管许下的各种有关诚信的诺言，也总是觉得，对不同公司进行直接比较并不难。事实并非如此，就算公司发布的财务报告真实可信，我们也很难对不同的公司进行比较，更何况许多公司还在做假账。

"公司治理"是指约束现代上市公司的一系列行为准则和监管法规，其中包括市场监管法规、自愿行为准则和其他商法。在理论上，优秀的公司治理能让公司在对其他利益攸关方和整个社会负责的同时，正常经营，举债，发行股票，并努力增加股东价值。这个标准实在很高。商界是一个残酷而又竞争激烈的地方，作为投资者，我们很可能不太介意所投资上市公司的高管比竞争对手更有手腕，更善于变通。但过于放纵这些精英又有失公平，于是在金融危机爆发的日子里，人们变得吹毛求疵，不放过任何违规行为，或是让阴魂不散的政府官僚用僵硬的体制束缚企业，即便是经济转好，公司也难以赚钱。这么做真的好吗？

　　显然，我们需要在严格监管和公司自由之间找到平衡点。许多人认为，过去十几年，监管实在是太松了，这直接导致了最近爆发的金融危机。历史经验告诉我们，经济繁荣时期的监管一般比较松，只有在泡沫被刺破后，严重的公司治理问题才会浮出水面，这时公众才会嚷着要找出罪魁祸首，并给予其严厉惩罚。经济景气的时候，投资者似乎不太在乎公司高管到底用什么方式让公司赚钱，但当经济下滑时，人们便急切地想知道谁来为他们的损失负责。

　　不断发展的全球化趋势让公司治理问题变得尤为重要。来自中国、印度和其他发达经济体的大公司不断上市，如果这些公司不遵守公司治理规范，那么全球的股市就会遭殃，没人能够逃脱由此带来的不利影响（当然，这并不意味着我们可以忽视英美等成熟市场的公司治理问题）。我们需要花更多的力气在全球范围内推动统一的公司治理标准，各界对此已经达成了广泛共识。比如，1999 年，经济合作与发展组织（Organization for Economic Cooperation and Development，OECD）颁布了《OECD 公司治理原则》（*OECD Principles for Corporate Governance*），29 个会员国已经批准了这一原则。我们有必要对其进行详细介绍。

透明

　　为了提高决策质量，投资者应该获取相关公司的足够信息。上市公司应该公开发布信息，以确保所有相关方同时获得重要信息。

问责

　　负责公司治理的责任主体必须明确。公司必须采取措施尽量使投资者和公司高管的利益保持一致。不过，实际情况并非如此。

责任

公司应该尊重所在国的相关法规。这条原则看起来应该是理所当然的，但如果一家大公司成了非洲或拉美某个小国的大雇主，情况又会怎样呢？

公平

所有投资者，特别是少数股东，应该得到公平对待。

在外部人士看来，经济合作与发展组织发布的上述原则是显而易见的，但问题是，各国法律可以从不同的角度解读这些原则。无论如何，这些原则都太笼统了，它们很难保护中小投资者的利益。

公司账目

巴菲特总是将阅读公司年报的财报部分比作是小孩吃菠菜。谁都知道应该仔细研读财报，但很多人却为此犯难，因为这项任务十分艰巨，所以他们干脆跳过这一步，等下注后祈祷股价走高便是。为了读懂本章的内容，大家应该掌握有关上市公司财务的基本知识（原则上，上市公司的账目和小企业，甚至是家庭的账目没有什么两样）。如果你还没有做好功课，那么应该去书店挑两本有关公司财务的书好好读一读。

现在就让我们开始吧。首先，正如我们在本章开头提到的那样，全球统一的公司会计标准并不存在，不同公司、行业和国家所采纳的会计方法差异很大。这不稀奇，公司自己也不会觉得有什么问题，但投资者在解读财报，比较公司和行业的时候就会碰到麻烦。

通用的会计原则虽然听起来很有道理，但却会给投资者带来困扰。让我们来看看这都是些什么原则。

◎ **历史成本原则**

会计师喜欢用历史购买成本来评估公司资产的价值。这样做是有道理的，因为这个方法能防止管理者故意标高资产价格，虚增利润。假如一家公司在 1915年以 2 000 英镑的价格购入一幢办公大楼，这幢大楼现在已经值 2 500 万英镑了，那么我们又该怎么办呢？成本价无法体现该资产的真实价值，所以公司每隔一段时间可以对资产进行价值重估。20 世纪六七十年代，有人专门利用历史成本原则发财，他们买入历史悠久的公司（这些公司拥有大量价值被低估的资产），随后将其转卖，以赚取资产现价和历史成本之间的差价。不过，正如我们将要看到的那样，为了虚增利润，某些人有时会滥用较新的创造性会计方法，如"以市值计价"法。

◎ **重要性原则**

独立审计师（会计师）无法核对每一项办公用品的使用情况，所以他们通常会决定哪些是重要的，哪些是不重要的。这给一些狡猾的管理者留下了作假空间，特别是当他们可以欺骗和控制审计师的时候，正如我们将在"疯狂艾迪"案例中看到的那样。

◎ **审慎原则**

在面对不确定性的时候，会计师通常会采用审慎原则，比如，只要预见到损失会发生，他们便会尽早对其进行确认。这种做法和管理者的利益有所冲突，因为他们通常喜欢展示最靓丽的财报。投资者有时也会成为自己的敌人，他们会试图影响公司采用的估值方法。在牛市中，投资者希望公司采用乐观的估值方法，一些会计师事务所也愿意采取比较灵活的态度。一个优秀的会计师不但聪明，而且正直，自以为是的骗子可不希望他们来审计公司报表。

◎ 实质性原则

我们可以用许多方法来处理一笔交易，以使其不出现在财务报表上。为什么有人会这么做呢？原因有很多，公司可能希望减少账面利润，少缴税款，也可能希望隐藏巨额债务，防止股价下跌。优秀的会计师看重交易的"实质"，而非交易的"形式"，这是为了防止管理者操控报表。

◎ 一贯性原则

会计师认为公司不应该频繁更换会计方法和会计期。偶尔变更是可以的，但如果一家公司总是变来变去，那么大家就要小心了。罗伯特·麦克斯韦尔（Robert Maxwell）是镜报集团（Mirror Group）20世纪八九十年代的所有者，他就经常变更旗下一些公司的报告日期，以欺骗审计师。一贯性原则能够帮助投资者比较公司的业绩。如果公司变更了相关程序或日期，投资者应该搞清楚公司这么做的理由，并判断这些理由是否站得住脚。

◎ 实现原则

优秀的会计师认为，只有在商品已经交付，最好是价款已经收讫的情况下，收入才能被确认。他们有时会觉得，在交易达成时便确认收入也是可以的，但会计提坏账准备，以防价款无法全部收回。管理者会利用不同的收入确认方法编制有利于自己的财务报表。

◎ 持续经营原则

会计师假设公司将持续经营，比如，公司采购的原材料将最终变成产品。如果公司倒闭了，仓库里堆放的材料和半成品将会大幅贬值，所以在持续经营原则下，公司资产的估值偏高。

即便在其他方面诚实守信，老道的管理者通常也会钻上述会计原则留下的空子，所以作为外部投资者的我们永远都无法确认自己了解公司的真实经营状况。我们还会碰到一些冷酷无情的骗子，他们之所以存在就是为了用虚假会计报表来欺骗外部投资者。这些人的数量要比你想象的多。我们接下来将要看到的这家公司，无论在上市前还是上市后，都细心经营着一个巨大的骗局，我们真的应该为他颁发一个欺诈大奖，它的名字便是疯狂艾迪。

疯狂艾迪

疯狂艾迪是纽约一家专售电视机和电子产品的连锁商店。该公司成立于20世纪60年代，由一个联系紧密的叙利亚裔家族运营。在纽约地区，该公司以风格激进的广告著称。80年代，全国性的广播公司竞相模仿，推出风格类似的广告。该公司于1984年上市，股价在两年内由4.5美元上升至37.5美元，更重要的是，近一半股份被金融机构持有。华尔街钟爱疯狂艾迪。虽然公司市盈率高达39倍，但这不是问题，因为华尔街相信该公司会持续成长。不过，仅从公开的信息来看，这家公司的某些方面令人担忧。

公司老板艾迪·安塔（Eddie Antar）让一些亲戚担任公司的高管。公司的门店是租来的，不归公司所有，其中一些出租方便是艾迪的亲戚。此外，该公司还与艾迪亲戚所拥有的公司发生了许多关联交易，并为后者提供贷款。疯狂艾迪还为员工提供大量贷款，艾迪的亲戚自然也在其列。不仅如此，艾迪·安塔还给公司内的亲属安排了优厚的股权激励计划。那么，投资者为何要担心这些问题呢？因为上述迹象说明，艾迪更关心家族利益，而非股东利益。

1986 年，公司宣布进军电视购物市场，公司股价随即飙升至 40 美元。华尔街分析师持续给予其增持评级。1986 年 10 月，公司发出盈利预警。1987 月 1 月，艾迪辞去 CEO 一职。公司股价随即暴跌至 10 美元，该年度一季报显示，公司的增长预期落空。5 月，艾迪以每股 7 美元的价格发起收购，但却被投机商伊莱亚斯·辛（Elias Zinn）击败。辛于 1987 年 11 月收购了这家公司，并立刻清点公司存货，但却发现价值 6 500 万美元的存货不翼而飞（后来这一数字被修正为 8 000 万美元）。辛宣布艾迪伪造账目。

公司倒闭后，艾迪在以色列躲躲藏藏。1993 年，他被引渡回美国。1994 年，他因为敲诈勒索被判入狱 12.5 年。虽然这一判决被驳回，但在 1997 年，他被判处 8 年有期徒刑，并被处以 1.5 亿美元罚金。与其相关的其他案件还在审理过程中。

该案的细节发人深省。疯狂艾迪伪造销售记录，指使雇员向审计师撒谎，借用供应商库存以夸大存货数量，该公司还隐匿债务，并擅自篡改审计师所做的注释说明。他们能干得更漂亮些吗？

他们是怎么做的？萨姆·安塔（Sam Antar）是艾迪的亲戚，担任公司的首席财务官。虽然他犯有与该公司相关的 3 项重罪，但却因为和检方进行了辩诉交易而没有入狱服刑。近年来，他一直帮助政府机构调查欺诈，并仔细分析了疯狂艾迪的各种欺诈行为。他的分析很有教育意义。该公司使用的许多方法其实是老套路，很容易识别，但萨姆和其他高管用巧妙的方法掩盖了这些行为，将这些看似简单的小把戏编织成纷繁复杂的欺诈网，愚弄了数以万计的股民。

萨姆认为，疯狂艾迪的传奇可以分为 3 个阶段：第一个阶段从 1969 年到 1979 年，疯狂艾迪还未上市，当时公司努力的重点是通过漏报销售额和员工工资来逃税；第二个阶段从 1980 年到 1984 年，公司逐渐减少漏报的销售额，创造出利润不断增加的假象，以此为公司上市做准备；最后一个阶段从 1985 年到 1987 年，公司高管想方设法虚报利润，隐匿债务，以此促进公司股价上涨。萨姆说，公司高管之所以决定要让公司上市，是因为这样能骗取更多的钱财。虚增的利润会增加每股收益。而每股收益是上市公司重要的投资指标，公司股价会随着每股收益的上升而上涨，这样大股东就能以高价变现手中持有的股份。

作为一名年轻的会计师，萨姆打入负责疯狂艾迪外部审计工作的事务所，了解了如何才能利用审计师。1979 年，公司所有人将 300 万美元现金收入塞进自己的腰包，这笔收入没有记在公司的账本上，这种方法叫做撇油。为了准备上市，艾迪逐步减少漏报销售额的数量，并最终在 1984 年停止撇油。上述操作造成了公司利润在此期间不断增长的假象，但实际上疯狂艾迪的销售额和利润一直停滞不前。该公司以前一直用现金支付部分员工工资，并以此偷逃薪资税，现在公司又将这部分薪资记入账内，并向外界解释说，公司因为销售增长而给员工大幅加薪。

1984 年 9 月，疯狂艾迪以每股 8 美元的价格上市。安塔家族保留了大量的股份。如果股价攀升，他们就能以高价变现手中的股份，赚一大笔钱。萨姆说，如果用欺诈手法推升股价，安塔家族成员在未来 3 年内能够卖出价值 9 000 万美元的股份。

他们是怎么做到的呢？毕竟证券市场有很多防范此类情况的监管机构和法规。比如，上市公司必须接受独立审计师的审计，如果它们不聘请著名的大型会计师事务所，投资者便会投去怀疑的目光。

上市后，疯狂艾迪聘请毕马威会计师事务所对其进行外部审计。一般来说，公司在上市后会更换审计机构，选择一家大型会计师事务所，这很正常。和其他审计巨头一样，毕马威也让刚入行的菜鸟负责年审工作的脏活累活。萨姆说，这些工作人员和他们的直接上司都是年龄不到 30 岁的年轻人，因此很容易分心。于是，萨姆他们有计划地实施渗透，鼓励公司员工和审计师成为好朋友，不断邀请他们吃大餐，萨姆本人则带着会计师事务所的高管泡高级酒吧。上述举措产生了两大效果：首先，审计师的防线已经被魅力攻势彻底攻破，他们相信艾迪及其员工是诚实守信的，而且觉得和他们交往很愉快；其次，这些社交活动严重拖延了审计进程。上市公司的年报审计工作大概需要 8 周时间，工作进度越慢，审计师就越没有时间亲自核查账目的真实性，于是对方说什么，他们就信什么。

1986 年初，安塔家族准备增发股票，并希望将自己持有的 2 000 万美元股份变现。为了实现这一目标，公司业绩必须达到或超过华尔街分析师所做的销售预测。分析师认为，该公司的同店销售额会增长 10%（老店而非新店的销售额），但艾迪心里很清楚，季报数据显示，同店销售额只增长了 4%。他们必须想办法解决这个难题。于是，萨姆将存在海外秘密账户的 200 万美元（这笔钱来自公司上市前的撇油收益）转入公司账户，将其伪装成销售收入。其实他们不太用心，就连用来解释资金来源的销售发票都懒得伪造（要知道，这 200 万美元是由多张价值近 10 万美元的大额银行汇票构成的）。不仅如此，这笔钱是一次到账的，换言之，大部分同店销售是在上一财年的最后两天达成的。这一情况很不寻常，本该引起审计师的注意。

萨姆说，他的拖延战术实施得非常成功，审计师没有时间仔细核对账目，所以没有发现他们的非法注资行为。新股发行得很顺利，艾迪和他的父亲（也叫萨姆）将一些股份变现。由于公司业绩达到了分析师的预期，股价随之攀升，安塔家族成员总共卖出了价值 2 430 万美元的股份，比预期高出了 400 多万美元。于是，他们偷偷转出了先前注入的 200 万美元。这一连串动作不仅让他们成功增发新股，而且还让他们大赚了一笔。

你也许会认为，这样的故事只会发生在 20 世纪七八十年代纽约的穷街陋巷。如果你真的这么想，那可就错了。上市公司改动财务报表的自由度很大，无论规模大小，上市公司都有很多机会实施令人震惊的诈骗。

我接下来将要介绍的这家大公司不但伪造金额高达数十亿美元的交易，而且还拖垮了负责其外部审计工作的会计师事务所巨头——号称"五大"之一的安达信。这家公司便是安然，在有关天然气、石油、电力、宽带通信和其他大宗商品的衍生交易市场中，它是个让人畏惧的大炒家。

安然的崩溃

安然创建于 20 世纪 80 年代，当时只是得克萨斯州当地的一家天然气和电力公司。在首席执行官肯尼思·莱的带领下，2001 年的安然已经成为美国第 7 大公司。虽然公司业务十分复杂，让许多外部投资者一头雾水，但在 2001 年初，安然的财务状况看起来很健康，该公司发行的债券被标准普尔评为 AAA 级（最高投资评级）。

回过头来看，安然财报显示的数据有点可疑。该公司 2000 年的财报显示，其销售总额高达 1 007.89 亿美元，净收入为 12.66 亿美元。标普 500 指数 10 年的总回报率是 383%，但安然同期的总回报率高达 1 415%，前者和后者相比可谓是小巫见大巫。安然的成长速度着实让人惊叹，从 1997 年到 2000 年，其销售额分别是 200 亿美元、320 亿美元、400 亿美元和 1 000 亿美元。这家公司到底拥有什么样的神奇力量，竟能获得如此高的增长率？

安然给出的解释乍一看挺有说服力的，他们认为公司在合适的时机进入了合适的行业，如刚刚开放的能源行业和方兴未艾的宽带通信业。安然拥有广大的战略资产网络、无与伦比的流动性、做市能力以及革新技术。这些优势让安然在其涉足的全球市场占据着领先地位，这些市场在未来几年内将大幅增长，而安然将获得增长带来的很大一部分好处。安然的业务涉及许多国家和地区，其中包括日本、新加坡、欧洲和澳大利亚。它拥有两万多名雇员、38 座发电厂、大量美国输油管线、采气场、造纸厂和石油勘探公司……简而言之，安然是一个巨无霸，而且自称将不断增长。该公司报告说，其 2001 年的销售额将比前一年增长一倍，这将使安然成为全球销售额第一或第二大公司。

马后炮谁都会放，但就在安然崩溃前的 2002 年，《福布斯》杂志刊文指出，只拥有两万名员工的安然能够创造出和花旗（员工数量 23.8 万人）、通用电气（员工数量 31.2 万人）和 IBM（员工数量 31.2 万人）一样的销售额实在是太不可思议了。换个角度来看，员工数量相似的公司，如德士古（Texaco）和高盛所创造的销售额根本无法和安然相比，这两家公司的销售额分别是 500 亿美元和 330 亿美元。

相信安然神力的人津津乐道于"新经济"概念。至于新经济到底是什么，恐怕没人能说清楚，不过很多人在讨论这一概念时提到了"商业模式"（这往往意味着公司不清楚到底应该如何盈利）、互联网力量、全球化的深入和自由市场的开放，以及全新估值方法给衍生品带来的机会等。总之，这些话让投资者听得一头雾水，相似的情况同样发生在互联网泡沫时期。

20世纪90年代加入安然的杰夫·斯基林（Jeff Skilling）于2001年初接替肯尼思·莱，担任公司首席执行官。他说，你要么听得懂，要么听不懂，就这么简单。安然并不是一家不靠谱的新兴网络公司，而是一家货真价实的大型企业，所以当这么一家大公司的掌门人都在拿新经济说事时，我们似乎有理由对它投去怀疑的目光。斯基林和其他高管经常提到"轻资产"这个时髦的新经济概念，因为安然经营"风险中介"业务，为客户提供相关大宗商品套期保值服务。其实，安然一点儿也不"轻资产"。正如我们已经看到的那样，安然拥有的资产数量巨大。这些资产主要是在过去5年里积累起来的，其中有许多并不产出利润。实际上，安然的一些投资，包括韦塞克斯供水（Wessex Water）、印度电厂和一座修建在多米尼加一家宾馆附近驳船上的奇特发电厂亏损严重。

2001年4月，斯基林决定召集证券分析师和财经记者召开一次电话会议。其间，一位名叫理查德·格鲁伯曼（Richard Grubman）的对冲基金经理要求斯基林向与会者提供安然的最新财报，但斯基林却骂他是"混蛋"。这一粗鲁举动被各大媒体广泛报道，并成了公司傲慢的象征。也许我们不该苛责斯基林，因为他知道格鲁伯曼正在大力做空安然股票，但这个问题一定触动了他的神经，因为斯基林很清楚公司隐匿了大量的债务。

这一切是怎么发生的呢？和疯狂艾迪不同，安然并非从一开始就准备实施精心设计的诈骗计划，而是随着各项业务相继亮起红灯，渐渐陷入了自己编织的复杂欺诈网。20世纪八九十年代，世界各国政府对公用事业行业放松监管。这的确为安然提供了扩展事业的良机，肯尼思·莱也的确是个内行，20世纪70年代，他曾为美国政府监管能源行业。

让安然在许多能源和大宗商品市场扮演做市商这个想法似乎是斯基林，而非肯尼思·莱的主意。安然为上述大宗商品创造了全新的交易市场，斯基林以此为理由劝说会计师采用"以市值计价"的会计方法。这是一种复杂的会计方法，简而言之，安然在签订交易合同的第一时间便确认这项交易所能创造的全部利润。在此之前，安然一直沿用传统的历史成本记账法，真实成本和收入只有在发生时才被确认。安然介入衍生品交易的程度很深，使用"市值计价法"处理相关交易会出问题，因为我们通常找不到准确评估交易真实价值的方法。为了能够估计交易价值，安然必须做出许多有关未来需求、利率和价格波动的复杂假设。就算你没有歹念，此类假设也很难与事实相符。而安然总是倾向于对未来做出乐观假设。这很好理解，因为其财报会因此而变得更加靓丽。

如果只是使用市值计价法，安然或许还能被原谅，但该公司还用其他伎俩行骗。安然钻了法律的空子，将其衍生品交易的总金额作为收入予以确认，这严重夸大了安然的销售额。安然的自营交易平台安然在线（Enron Online）允许其他参与方使用其平台进行能源和大宗商品交易，安然则抽取交易金额的一小部分作为交易费。正常情况下，我们应该用"代理人"模型处理此类情况，被确认的收入只包括交易费，而不是全部交易金额。高盛和其他拥有交易系统的机构就使用这一会计模型，但安然却以拥有或控制交易标的物为由，使用"商人"模型，将每笔交易的总金额记为收入，进而大幅增加公司的销售额。当然，公司利润并不会因此而增加，但在快节奏的新经济时代，只要销售额不断增加，利润似乎早晚都会跟上来。这项游戏的关键就是尽快跑马圈地。有人估计，如果安然不使用市值计价法和商人模型，那么其2000年的销售额将不再是1 007.89亿美元，而是63亿美元。

人们后来才知道，安然还大量使用一种名叫特殊目的实体（Special Purpose Entity, SPE）的离岸公司隐藏巨额债务，虚报 10 亿美元营收，还用这些公司调整确认收入的时间点，以使公司业绩符合分析师的预期。对安然来说，特殊目的实体其实是一种将交易置于表外的工具。这样，华尔街的分析师就算再聪明，也搞不清安然在台面下做了些什么小动作。

2001 年夏，斯基林售出了手中持有的价值 3 300 万美元的安然股份，随后便于 8 月辞去了 CEO 一职。肯尼思·莱试图安抚华尔街，但安然股价却延续了上半年的颓势，持续下跌。分析师开始提出许多尖锐的问题。比如在 2 月，约翰哈罗德公司（John S. Herold）发布的一份报告表达了对于安然盈利能力的怀疑，并质疑其能源行业的领导地位。3 月，《财富》杂志刊载的一篇文章暗示安然的股价可能过高。10 月，安然开始出售一些资产，随后便宣布公司发生了 10 亿美元的偶发亏损。11 月，安然的防线彻底崩溃。公司高层披露，安然虚报了近 6 亿美元的收益，而且还欠特殊目的实体 30 亿美元。评级机构迅速大幅调降安然债券的信用评级，美国证监会也开始对安然展开正式调查。

安然垮台了，成千上万的员工不但失去了工作，而且也失去了自己的积蓄，因为他们的余钱都被投入了安然的股份购买计划。没过多久，证监会就把安然的外部审计机构安达信会计师事务所告上了法庭。为了阻止司法机构对安然开展调查，安达信的员工故意销毁与安然有关的文件。这一粗暴的违法行为让安达信名誉扫地。2002 年，安达信不得不交出自己的执业牌照，并宣布公司解散。经过漫长的审理过程，斯基林因为证券欺诈罪被判 24 年有期徒刑。肯尼思·莱也被判犯有证券欺诈罪，但在判决前因心脏病突发而去世。

监管和立法机构总喜欢亡羊补牢。2002 年，美国国会通过了《萨班斯-奥克斯利法案》（*Sarbanes - Oxley Act*）。借用一位分析师的话，该法案"是安然的镜像：法案的具体条款几乎一一对应安然在公司治理方面的各种问题"。好吧，有人捅了这么大的篓子，政府总该做点什么。但近年来，认为该法案抑制美国经济活力的批评声却不绝于耳。更重要的是，该法案对于阻止美国下一轮金融大丑闻，也就是次贷危机，毫无作用，因为它只能防止公司虚报收入，但却无法阻止金融机构向资信状况欠佳的个人发放大量贷款。我想阐明的要点是，欺骗公众的方法不计其数，应对危机的膝跳反射式立法不能阻止危机以全新的方式发生。换言之，新的监管规定往往从重大丑闻中吸取错误的教训。

安然代表着公司治理的重大失败。安然的神话诞生于这样一个时代背景之下：美国正在为互联网和全球化带来的机遇兴奋不已，但同时又为中国这个制造大国的崛起而忧心忡忡。华尔街应该对安然有更彻底的了解：如果专业分析师都摸不透一家公司的财报，这可不是什么好消息，但多年来，华尔街一直将安然视为善于革新的明日之星。我们永远无法确知安达信为何要为安然的烂账背书，这是一个只遵守法规字面含义，但却背离其实质精神的反面典型。当然，安达信不给安然添乱自有其原因，光是 2001 年这一年，安然就支付给安达信 2 500 万美元审计费和 2 700 万美元咨询费。

投资者和会计师

作为投资者，我们从上述案例中能够吸取哪些教训呢？至少有 3 点很清楚。

1. 对于那些备受市场宠爱的公司，华尔街分析师往往会忽视其危险信号。作为投资者，不能分析师说什么我们就信什么，而是要运用自己的批判思维能力仔细斟酌。商业是实实在在的，是真人运作的。虽然个人投资者较难看出疯狂艾迪的问题，但萨姆指出，任何一个仔细阅读该公司财报的人都应该会发现，这家公司的财务内控很差。不仅如此，在疯狂艾迪上市前，《巴伦周刊》刊登过一篇有关该公司的文章。而且，在公司提交给证监会的文件中（公众可以查阅这些文件）明明白白地写着，安塔家族的许多成员在与公司进行关联交易，比如，疯狂艾迪为圣卢西亚（St Lucia）一家医学院提供巨额贷款，而安塔家族成员持有这个学校的股份。

简而言之，投资者只要花点心思就能发现大量说明疯狂艾迪没有看起来那样光鲜亮丽的信息。至于在华尔街兴起的那股安然风潮，你可以和很多人那样，相信新经济能够扫除一切障碍，不断向前挺进，但你也可以不把它当回事。安然最明显的问题是，虽然其销售额疯狂增长，但其利润率却不断下滑。安然给大家编造了一个非常美丽的故事，信还是不信，这完全取决于你自己的判断。对外部投资者来说，安然的财报就像天书一样难懂，这本身就是个危险信号。我们能够吸取什么教训呢？如果你看不懂一家公司的财报，那就不要买它的股票！别指望分析师能帮你搞定一切。

2. 公司治理真的很重要。如果公司高管不上心，或故意阻挠，那么公司治理只能成为空谈。比如，在安然崩溃前的很长一段时间里，其财报缺乏透明度是明摆的事实。安然在年报中披露的新奇会计方法，如市值计价法以及对于特殊目的实体的利用早该引起投资者的警觉了。上市公司可以在不泄露商业机密的情况下编制出充分透明的财报，而且公司高管也有能力让财报变得透明，只要他们真想这么做。安然的高层显然不想让大家戳穿他们的把戏，所以到处遮遮掩掩。至于疯狂艾迪，光是糟糕的内控和大量与安塔家族成员相关的关联交易（这些信息都能从公开的财报中获得）就足以让投资者怀疑公司高层实施有效公司治理的决心。

3. 投资者不能仰赖审计师的意见。我们原本可以信任他们，不然还要审计师干什么？但历史一再告诉我们，审计师偶尔也会为大公司的假账背书。至于他们为什么要这么做，我们只能自己猜。疯狂艾迪的规模远远小于安然，但它竟然能将大型会计师事务所玩弄于股掌之中，实在是令人诧异。好在萨姆详细描述了他们是怎么办到的（在清点库存时，公司员工甚至替审计师爬梯子，然后虚报高层货架所摆放存货的数量）。

对个人投资者而言，审计师在工作中频繁出现重大失误的确是个大问题（整个市场系统的正常运转依赖准确的信息），但我们并没有丢失所有阵地。在对公司进行评估的时候，我们要进行交叉比对，要将公司财报和其他一系列信息，如高管言论、新闻报道，甚至是一手的员工访谈资料进行比较。当然，你不需要每次都那么费心。只有在碰到看起来很美，非常让你着迷的公司时，你才需要花功夫好好调查。

如果你没有兴趣，也没有能力做这些功课，那就不得不依赖于别人的意见。但正如我们已经看到的那样，其他人甚至是专业人士都会犯错。这并不意味着你应该远离金融投资，而是意味着你应该尽力避免直接投资个股。指数基金、投资信托或其他集体投资工具或许会是更好的选择。

第 12 章
更稳健的策略

投资策略：

1. 多元投资

用不同种类的投资来减少自己一夜破产的风险。

2. 降低预期

降低对于长期投资回报的预期，免受不良投资和
欺诈的诱惑。

　　为了避免被骗，投资者可以做很多事情，我们不能将这一责任简简单单地推给别人。太
多的投资者只关注如何获得最佳收益，我们至少应该花同样多的时间学习如何尽力减少可能
引发损失的各种风险。

投资前多个心眼

经济预测的唯一功用就是让占星术变成一门值得尊敬的科学。

加尔布雷斯

对于大多数人来说，没什么比一大早醒来，发现自己的大多数财产被骗走了更让人绝望的了。本书所涉案例的受害者原本可以避免或减少大量损失，他们所要做的就是严格遵守一些经过检验的投资策略和规程。我将在本章对此进行详细介绍。

作为投资者，我们在参与金融市场各项活动时必须依赖他人的专业技术。即便如此，我们自己还是应该多个心眼。希冀政府和监管机构消除所有欺诈风险是不现实的，因为在过去几十年里，全球金融市场的规模和复杂性都已显著增加。

20 世纪 20 年代曾发生过这样一个有趣的故事。一位旅客写了一封措辞严厉的投诉信给一家铁路公司，抱怨说自己在乘坐该公司列车时被跳蚤咬了。他很快就收到了公司总经理的道歉信。这封信的态度非常诚恳，信里说这样的情况从未发生过，公司会对此进行仔细调查。但负责发信的工作人员一不留神，把投诉信原件也放入了信封。旅客翻开自己的信一看，发现总经理在信纸上端的空白处草草写了这么几个字："发送标准跳蚤回信。"今天，许多民众，特别是美国百姓普遍认为，政府和监管机构也以相同的态度来处置已经失控的。给全球经济制造巨大麻烦的金融业。

当局的监管能力是不是变得越来越弱了呢？在一次有关麦道夫案的参议院听证会上，参议员查尔斯·舒默（Charles Schumer）评论道："我于1980年进入国会，当时的证监会可是政府极为重要的一个机构……难道证监会已经大不如前了！"他没说错。80年代的证监会对各种金融违规和欺诈行为绝不姑息。英国的情况有所不同。当时，英国贸工部（Department of Trade and Industry，DTI）负责预防公司高管欺诈，伦敦金融界称其为"胆小不作为部"。

不过，我也要为监管机构说两句公道话。由于金融市场增长迅猛，监管机构的监管任务也变得越来越繁重。美国证监会说，每天会收到数千封有关金融机构投诉信的他们淹没在了海量的信息之中。英国金融服务监管局也力不从心，一方面，他们要监管金融活动对于公众利益的各种影响；另一方面，他们又要和财力雄厚，但又不太合作的大型金融机构斗法。在伦敦金融街工作的专业人士常说，合规就是个笑话（金融机构必须聘请负责监督自身活动是否符合法规的官员）。

在远离道德的劲爆市场氛围中，你到底应该听谁的呢？是对着你大吼大叫，催着你赚钱的老板？还是到处挑刺的纠察队长？监管者和从业者之间猫捉老鼠的游戏永远也不会落幕。投资者必须清楚地意识到这一点。我们应该尽可能利用监管机构提供的各种服务和保护（客观地说，他们提供了不少有用的服务），但我们也必须牢记，负责监管的工作人员只是公务员。如果你想直观地认识他们，那么可以访问 C-SPAN 网站，你可以在上面找到很多与证监会相关的国会听证会视频。C-SPAN 是美国一家优秀的非营利公共服务网络机构，其网页提供许多有关听证会的相似未审查影像资料，网址是 www.c-span.org。

针对欺诈的第一道防线

如果你发现了一项看起来很不错的投资，或许会很想把所有的钱都投进去，然后便再也不去过问，坐等好事发生。这么做是不明智的，因为万一这项投资出了什么问题，你将变得一无所有。我们一次又一次听到金融欺诈案的受害者哭着说自己一辈子的积蓄瞬间化为泡影。当然，记者有时候喜欢夸大事件的后果。比如，有报道说，演员凯文·贝肯（Kevin Bacon）因为麦道夫案而失去了所有的财产，但贝肯后来出面解释说，他只是损失了大部分金融资产，其他财产，如房产都安然无恙。

我们必须把"毕生积蓄"的含义说清楚，它到底意味着什么呢？是现金、债券、金融资产，还是包括房产和退休金在内的个人资产净值？大多数情况下，人们所说的"毕生积蓄"是指直接控制的金融资产，而不包括其他重要资产，如房产和退休金。假如两个人都有一栋价值 100 万美元的房产和 10 万美元现金，一个人将 10 万美元投入股市，输了个精光；另一个人则把房产变现，并将 110 万美元现金投入了股市，结果输了个精光。显而易见，后者的境遇要比前者惨很多。我们还需要考虑其他因素。如果你在 20 岁的时候破产，那么还有一生的时间可以东山再起，但如果你已经老眼昏花，那么就可能会在贫困中度过余生。

荣获官佐勋章的威廉·福克斯顿（William Foxton）少校在行动中失去了一条胳膊。2009 年，退役的福克斯顿少校吞枪自尽。有报道说，他把"所有积蓄"都投入了两只基金，而这两只基金又把钱喂给了麦道夫。有关福克斯顿少校个人财务状况的细节我们不得而知，如果他有自己的房产，或是能够领到足够的退休金，悲剧也许就不会发生。我猜福克斯顿少校之所以寻短见，是因为其资产净值的很大一部分因为麦道夫案而化为乌有。把所有积蓄投入两只基金和投入一只基金相比也好不到哪里去，因为你所投入的这两只基金可能会把钱交给同一个大骗子。

除非你是一个喜欢刺激的冒险家，不然的话，你很可能不会预见到那个让

> 换言之，如果人们能够预见大骗局，那么也就不会上当了。

你输掉大部分资产的骗局。换言之，如果人们能够预见大骗局，那么也就不会上当了。

因此，将所有金融资产投入一两项投资是不明智的，除非你刚开始积累资产，只有少量资金。顺便提一句，将所有财产都投入金融资产也是不明智的。你需要通过进行不同种类的投资来减少自己一夜破产的风险。

投资顾问经常会提到资产多元化，但他们谈论的主要是多元化如何减少其他类型的风险。欺诈可以发生在金融市场的各个环节，投资顾问对此讳莫如深，因为他们害怕吓走客户。美国证监会和英国金融服务监管局等监管机构在其网页上提供了不少有关如何防骗的指南，投资者应该定期阅读这些材料，因为新骗术层出不穷。

那么我们应该如何进行多元投资呢？如果你喜欢自己买股票，那么购买12到18只性质不同的股票就足够了，但大多数人不喜欢购买个股，而是喜欢购买基金。基金本该拥有很多好处，其中包括投资多元化，但随着近年来对冲基金和其他另类基金的飞速增长，情况变得越来越复杂了，正如我们已经看到的那样，大多数基金无法持续击败市场（实际上许多基金开张没多久就关门大吉了）。在目前的市场环境下，基金行业发生欺诈的风险正在急剧增加，这一点非常令人担

心。如果你一定要买基金，那么最好多买几只以分散风险，而不是只买一两只。此外，你还需要确保所购基金相互独立，而不是紧密相联（比如，确保这些基金不属于同一家基金公司）。

在实施多元投资时，你可以问问自己："万一我的某项投资因为欺诈而血本无归，我能承受百分之多少的资产净值损失？" 0%是一个不现实的回答，因为任何金融投资都存在一定的欺诈风险，即便风险可能非常小。假如你把10%的资产交给麦道夫，你虽然损失了不少钱，但还不至于觉得末日来临。你可能还会暗自庆幸，因为很多人真的因此而倾家荡产了。

我曾经花1万英镑买过大红大紫的高科股马可尼（Marconi），这是一家涉足电信和航空航天的集团公司。其股价在两周内翻了一倍，我本该卖掉它，但却没有。数月后，这家公司就倒闭了，股票也被停牌。两年后，该公司完成了重组（债权方接管了公司，获得了99.5%的新股）。我收到了一张支票，如果没有记错的话，支票的金额是1.5英镑。这样的事总在发生。虽然我还是很气恼（我依然怀疑这家公司涉嫌欺诈），但是我输掉的钱只占我所有资产的一小部分，所以这次挫败并没有毁掉我的生活。

光是做到不被某项投资的失败击垮是不够的。假如你只通过某一位投资顾问，或某一家大银行进行所有投资，如果对方把你的钱都卷走了，或者倒闭了，那么你还是会倾家荡产。

为了不上当受骗，你需要仔细评估风险。如果你在英国工作，那么很可能已经熟悉公司是如何进行健康和安全风险评估的。比如，在进行此类检查时，你首先要查看办公室的各个角落，找出可能会伤人的东西。

你应该以相同的态度仔细检查投资项目所涉机构和流程。随后，你可以根据严重性，顺序排列所发现的各种投资风险，并想出相应的预防和减损措施。你要熟悉监管机构为投资者提供的各种保护措施，以及政府制定的各种赔偿机制。比如，存在英国大型银行中的存款（本书成书时，金额不超过 8.5 万英镑）受到金融服务补偿计划（Financial Services Compensation Scheme）的保护。英国某些外国银行中的存款不受该计划的保护，你应该仔细阅读英国金融服务监管局网站上刊登的相关细则，以确保自己的存款受到保护。冰岛网络储蓄银行就不在该计划保护之列，所以当它破产时，该行储户心惊胆颤。

你应该将所有细节写入风险评估表格，并将其妥善保存。而且还应该定期更新这张表格，因为很多细节会发生变化。虽然这项工作看起来有些无聊，但一些琐碎的细节能够决定金融投资的成败，所以千万不能怕麻烦。顺便提一句，虽然政府为投资者提供了一定的保护措施，但这并不意味着你能迅速拿回存款，你也应该将这一点记入风险评估表。

降低你的预期

许多人对股票的投资回报，甚至对金融投资本身都抱有不切实际的期望。这部分是因为金融从业人员看似能够挣大钱。我们总是听说，该行业一些二十出头的年轻人所拿到的奖金足够他们买一幢房子。这只是一个错觉，因为许多金融从业人员的收入并没有那么高。交易员，特别是衍生品交易员收入很高，而且也很年轻。他们的起薪一般是每年 3～4.5 万英镑。只有在成为老手之后，

不过许多交易员等不到这一天，他们不是被公司炒鱿鱼了，就是受不了工作压力而辞职了。

他们才能拿到巨额奖金。不过许多交易员等不到这一天，他们不是被公司炒鱿鱼了，就是受不了工作压力而辞职了。

除了交易员以外，真正赚大钱的是基金经理和金融公司高管。他们所赚的钱主要来自向客户收取的各种费用，而不是投资所得。假如鲁里坦尼亚的经济突然腾飞，一家大型金融机构随即设立了基金，为普通投资者提供分享该国经济发展的机遇。这个基金运行了几年，表现很糟糕，鲁里坦尼亚经济崩溃后，该基金悄悄清盘，或者和另一只基金合并。基金经理拿了客户很多钱，但却没有为客户实现令人满意的投资回报。

简而言之，金融从业人员之所以能够赚大钱主要是因为向客户收取高额费用，而不是因为他们的投资技巧高人一等。正如我们在最近爆发的次贷危机中所看到的那样，在很多情况下，他们不但收人钱财，而且还将别人的钱投入风险极高、极易破产的投资项目。比如，向没有偿债能力的人发放大量房贷，将有毒资产和优质资产打包，高价出售给其他投资者，这些都不是可靠的投资行为，这种损人利己的举动最终会拖垮整个金融体系，让全球陷入漫漫无边的经济危机。

许多人对投资抱有不切实际幻想的另一个原因是，人们总是能听到某只牛股股价一路攀升的消息。如果研究一下这些股票的走势，你总能发现它们的价格在一段时间，甚至是数年内持续走高。人们很容易想象自己在低点买入，高点卖出，并赚取巨额利润。这种情况的确有可能发生，但许多研究显示，这种交易方法（择时交易的一种初级形式）的整体效果并不理想。不仅如此，与专业人士相比，外部个人投资者需要支付更高的交易成本，所以频繁买卖股票很可能会削弱你的整体投资回报。

如果我们在股市进行理性的长期投资，那么多高的投资回报率是比较合理的呢？埃尔罗（Elroy）、伊迪姆松（Dimson）和马什（Marsh）所做的一项著名研究发现，在很长的时间跨度里，比如 1900 年到 2011 年，大多数工业化经济体的股市的确贡献了真实的投资回报，但年平均实际回报率并不高，只有 5％左右。如果你持有一批具有代表性的股票，比如购买和持有指数基金，那么在一些年份里，你会获得高于平均值的投资回报，而在另一些年份里，你的账面将产生一些亏损。所以专家经常建议投资者尽可能长时间持有股票，以熨平回报的波峰和波谷。这是一个天大的好消息，因为债券的长期回报要低很多，甚至会产生负的实际回报。如果我们从长计议，那么股票是表现最好的金融资产。

许多人觉得 4％~5％的年平均回报实在是不值一提，但投资风格相对保守的养老基金就以这样的投资回报为目标的。诚然，你有时的确能够获得更高的回报，但也可能在某些年份输得很惨。股价是波动的，其走势难以预测。

如果想获得更高收益，你就必须冒更大的风险，购买价格波动更大的股票。这么做本身没有什么错，但我需要提醒你一句，投资不是玩电脑游戏，如果出了问题，你没有机会重来。假如你在 20 年里一直投资高风险股票，你的成绩可能会非常不错，但也有可能非常糟糕。如果后一种情况不幸发生，那么你将没有机会挽回损失。

我写的另一本书《股市如何运作》（*How the Stock Market Really Works*），更为详尽地讨论了上述话题。总之，你应该降低对于长期投资回报的预期，这能让你做好充分的心理准备，免受不良投资和欺诈的诱惑。

资产分配

资产分配是指将所有财产看作一个整体，进行合理分配。对个人投资者来说，这个概念非常重要。很显然，那些输掉"毕生积蓄"的人没有进行有效的资产分配，或者根本就没有做这项工作。我们应该吸取他们的教训，学一学如何有效分配资产。

在进行资产分配的时候，你要将财产投入不同种类的投资项目，以达到在可承受风险水平下，实现最大收益的目标。近年来，资产分配技术得到了不断完善，与炒股相比，该技术能让你在获得相同收益的情况下承担更小的风险。你的回报将变得更平滑，更稳定，也就是说，回报的波动性减小了。还记得吗？之所以有那么多人上了麦道夫的骗，是因为他谎称自己能为客户获得非常稳定的投资回报。麦道夫的业绩在现实中是不可能发生的，但资产分配技术确实能让你获得比较稳定的收益。

资产分配之所以能够实现上述目标是因为不同种类的资产（如股票、房地产、债券和大宗商品）的价格走势相对独立。比如，有时候债券表现得很不错，股市却表现得很糟糕，有时候情况又正好相反。仅用股票和债券组成投资组合就能降低投资回报的波动性（也就是减少投资风险）。如果你仔细规划，对负相关的多国、多币种的不同类型资产进行投资，那么你将获得更好的投资收益。

资产分配的有效实施需要专业技术的支撑，以及对于个人情况的了解。遗憾的是，黑心的金融从业人员可能只顾着自己赚钱，他们推荐的投资产品可能不但没能减少投资回报的波动，反而增加了投资风险。

相关理论告诉我们，你需要定期评估资产分配状况，并进行必要的再平衡，因为随着时间的推移，各种资产的占比会发生变化，投资组合的风险水平也会相应变化。进行再平衡的时候，你卖出一些资产，买入另一些资产，使各资产比例以及投资组合的整体风险水平恢复到初始状态。这种做法的一大好处是，你通常会卖掉价格过高的资产。但要注意，一些心术不正的理财顾问会让你频繁实施再平衡，以赚取更多的费用，这种做法叫做"挤油交易"。虽然监管机构禁止"挤油交易"，但却很难取证，所以大家要慎重选择理财顾问。

如果你对资产分配操作感兴趣，那么可以阅读杨百翰大学（Brigham Young University）副教授克雷格·伊斯拉尔森（Craig Israelsen）的书。他是美国个人投资者资产分配研究领域的专家。伊斯拉尔森是个睿智、谦虚、诚实的人，他十分风趣，一点儿也不像那些沉闷的金融专家。如果你想获取更多的信息，可以浏览他的网页 www. 7twelveportfolio. com。

在投资丛林中保持清醒

为了避免被骗，投资者可以做很多事情，我们不能将这一责任简简单单地推给别人。太多的投资者只关注如何获得最佳收益，我们至少应该花同样多的时间学习如何尽力减少可能引发损失的各种风险。我们需要利用各种渠道不断学习，而不只是看报纸、看电视。此外，我们还需要学会放松，抽时间探求一下经济体系，乃至整个世界的本源。

未经证实的消息说，麦道夫案让演员凯文·贝肯损失了 5 000 万美元。天哪！但在公开讨论这一话题的时候，贝肯很有骨气。他说自己至少还有健康、房子、家庭和工作，对此他心存感激。生活还要继续过下去。也许我们都该学习一下贝肯的人生态度。这个世界上有许多远比金钱更重要的事。

THE CON MEN | 后记
下一个牛市，骗子将卷土重来

　　在本书即将交付印刷的时候，书中提到的一些案件又有了新的进展，我将向大家进行简要介绍。对不希望受骗上当的投资者来说，从历史中汲取教训是非常重要的，但欺诈永远不会消失。一些骗子被送进了监狱，一些则依旧逍遥法外。下一个牛市来临的时候，他们将会卷土重来。无论监管层多么努力，新型欺诈还是会出现。我们生活的世界就是这个样子。个人投资者不能抱有任何侥幸心理，而是要认真做好防范工作。

　　Libor丑闻还在持续发酵。苏格兰皇家银行（81％的股份为英国纳税人所有）正在与英国和美国政府协商以巨额罚款了解此案，但应该由谁来支付罚款呢？各路政客认为应该让银行家，而非纳税人掏腰包。有人提议将对于Libor的部分监管工作移出英国，或者推出新的基准利率替代Libor，如果真是这样，那么本案对英国金融业，以及伦敦的全球金融中心地位或许会产生重大的影响。到目前为止，3家大银行——巴克莱、瑞银和苏格兰皇家银行已经涉案，全球还有20多家银行正在接受调查。调查结果很可能会证明全球多家大型银行联手操控利率的形成过程。换言之，这是影响全球利率水平的系统性机构欺诈。政府当然会进行改革，但由于世界经济依然风雨飘摇，各国政府不太可能实施民众希望的激进改革。

　　2013年6月初，杰斐逊县宣布很快将和债权人就减免和重组数十亿美元债务达成协议。有报道称，摩根大通同意放弃 8.42 亿美元欠款，其中约有 70% 是杰斐逊县欠下的交易费。亚拉巴马大学金融教授罗伯特·布鲁克斯（Robert Brooks）评论说："任何有理智的人都不会觉得他们（摩根大通）是好人。如果你对他人造成了伤害，那么就应该进行补偿。"让许多美国人感到愤怒的是，虽然一些涉案官员因为这桩美国史上最大市政破产案被判入狱，但华尔街却没有一个人被送进大牢。

2013 年 4 月，英国金融服务监管局（FSA）被废止。和美国证监会一样，该机构没能在过去十几年的监管放松时代守护好自己的荣耀，最近曝光的诸多大案让它颜面扫地。虽然针对 FSA 的指责并不都是正确的，但该机构的确没能阻止金融业肆无忌惮地扩张。詹姆斯·克罗斯比爵士（Sir James Crosby）担任苏格兰哈里法克斯银行（Halifax Bank Of Scotland，HBOS）的 CEO 至 2006 年。随后，他又担任 FSA 副局长，但于 2009 年辞职，因为 HBOS 前任风控部门负责人保罗·莫尔（Paul Moore）说，自己在指出该行贷款业务风险过高后，被克罗斯比炒了鱿鱼。2013 年 4 月，由议会成立的银行准则委员会认为克罗斯比应该为HBOS 差点破产而负主要责任。同年 6 月，克罗斯比的爵位因其请求而被剥夺。

HBOS 的问题看起来更像是高层冒进造成的，而非他们有意为之。但克罗斯比担任 FSA 高管这一事实说明 FSA 不可能继续成为英国金融业的主要监管机构。取而代之的是金融市场行为监管局（Financial Conduct Authority，FCA）和审慎监管局（Prudential Regulation Authority，PRA），它们将被授予新的权力以防止金融欺诈发生。不过，老问题还是没有解决，那就是如何在保持金融业活力的情况下对其实施有效监管。

始于 21 世纪的金融盛宴已经告一段落，人们对于对冲基金的质疑也越来越多。《福布斯》杂志于 2013 年 3 月刊文指出，美国的对冲基金业"充斥着不道德行为和违法行为"。纽约 Labaton Sucharow 律所对对冲基金经理进行了一项匿名调查，调查结果很有意思：46％的受访者认为竞争对手的行为不道德或不合法；35％的受访者觉得高层只关注业绩，即便违规违法也在所不惜；30％的受访者说自己在工作中见到过不道德或不合法行为；54％的受访者认为证监会对违规违法行为监管不力。一些传闻和上述调查结果非常匹配。无论是在美国，还是在英国，对冲基金行业都存在监管过松的问题。监管机构应该行动起来了。投资者们千万要小心！

过去十几年冒出了不少金融巨骗，一些人已经是过往云烟，如艾伦·斯坦福，但他们中的佼佼者麦道夫依然受到人们的广泛关注。麦道夫在欧美有一些身居高位的伙伴，他们似乎依然逍遥法外。麦道夫证券国际有限公司（Madoff Securities International Limited，MSIL）的总部位于伦敦，2013 年 6 月，该公司清算人将麦道夫的一些亲戚、美第奇银行（Bank Medici）创始人索尼娅·柯恩（Sonja Kohn）和其他一些人告上了法庭。

有关麦道夫案的书籍和影片也相继问世，包括麦道夫秘书和儿媳在内的证人不断涌现。与此同时，身在美国的麦道夫暗示自己还有很多料可以曝。比如，他声称大银行"知道"他在干什么，并说自己可以在国会委员会作证。罗伯特·德尼罗（Robert De Niro）将在一部大片中扮演麦道夫。这部片子应该会很有意思。德尼罗说："这是一部有关信任的片子，我想应该会很有趣。那些人很聪明，既会做生意，又会摆弄数字，但他们却把自己的聪明才智用于欺骗别人。"希望德尼罗能够深刻剖析麦道夫这个混蛋的内心世界。

2013 年春，塞浦路斯银行危机爆发，塞政府准备向存在该国银行的存款征税（或者说是征用没收）。这种情况已经很久没有发生了，而且许多深陷危机的国家，特别是欧洲的一些国家可能会纷纷效仿塞浦路斯政府。许多投资者认为这种行为是彻头彻尾的抢劫，它违背了自由市场的原则，对整个投资界来说都是个坏消息：如果连政府都信不过，我们还能相信谁呢？来自上述国家的朋友和同事告诉我说，他们已经为这场灾难的到来做好了准备。正如赞美诗所唱的那样："不要相信君王，不要相信世人，他们什么忙也帮不上。"未来几年里，投资者的前路依然坎坷。

译者序

　　这是一本写给普通投资者的防骗入门书。作者介绍了金融史上有关欺诈的一些典型案例，其中一些你可能已经听说过，如麦道夫案、安然丑闻，还有一些你可能不太熟悉，如 Libor 丑闻和疯狂艾迪。总之，如果你刚踏入金融市场，还有点摸不清方向，难分敌友，那么本书是绝好的防骗知识普及读本。

　　现在正是中国普通投资者提高自身防范意识的好时机。有人将 2013 年称为中国的"互联网金融元年"，余额宝等新产品已经对金融垄断势力造成了一定冲击。随着中国金融市场的不断开放，市场竞争程度的日益激烈，更多的新产品将不断面世。还有人将 2014 年称为中国"债市违约元年"，因为债市的刚性兑付神话已经被打破，老百姓已经不能确保自己在银行购买的理财产品能够还本付息。如果存款保险制度有朝一日得以实施，那么存在银行里的大额存款都未必能如数取出。

　　换言之，中国普通投资者一方面将面对更多的投资选择，一方面又不得不面临更大的投资风险。西方发达金融市场已经走过的老路非常值得我们借鉴，因为他们已经玩腻的东西将会成为新事物，出现在中国的金融市场上，如资产支持证券（ABS）。所以，本书提及的各种金融诈骗模式已经或将要登上中国金融市场的历史舞台。刚入行的新手可以通过阅读本书对此有一个直观的了解。本书的特点是节奏轻快，不涉及特别晦涩的专业术语，阅读门槛较低，缺乏金融专业知识的读者可以将其作为起步读物。

涉及钱的问题非常复杂，因为它不但受到理性因素，而且还受感性因素的影响。我们可以想象一下某些场景：假如你是一个血气方刚的男青年，而且很久没近女色了，一个美若米兰达·可儿的姑娘一丝不挂地出现在你床上，你会怎么办？假如你是一个爱美，但又贪嘴的姑娘，为了拥有苗条身材已经节食很久，法国大厨突然为你送上免费大餐，你会怎么办？假如你刚刚大学毕业，为了和心爱的姑娘结婚，硬着头皮借了 30 年的巨额房贷买房，但平时只能节衣缩食，艰难度日，这时一个好朋友告诉你说，有个千载难逢的发财机会，年回报 20%，而且能够一直做下去，你又将如何抉择？这些场景乍一看没什么联系，但却有一个共同点，那就是欲求的满足。无论是性欲还是食欲，未被满足的欲望都会产生强大的驱动力，而这种力量将严重干扰认知层面的信息筛选和决策过程。

钱的驱动力非常大，因为钱能满足人们的许多欲求，于此同时，赚钱过程本身就能产生极大的愉悦感。骗子往往利用人们大脑暂时短路的时机下手。因此，在阅读本书的时候，读者应该尽力将自己代入，尽力设想和创造出面对诱惑时的生理和情感反应。唯有这样，本书论及的案例才能产生真正的价值。当然，并非每个骗局都能让你产生欲罢不能的感觉，你可以选择有感觉的段子多多练习。

此外，在阅读本书的基础上，读者可以再看一些有关决策行为方面的书籍以进一步提高自己的金融决策能力。总之，本书只是一个起点，而绝非终点。衷心希望各位读者能够实现自己的致富梦想。

最后，我要感谢陈晋、王军、王佩幸、阳跃华、陈仲明等给予译者的大力支持。

王佳艺